AF313198

# CATALOGUE

DE

# LIVRES ANCIENS ET MODERNES

SUR LA

## TERRE SAINTE ET LES INDES ORIENTALES

FORMANT LA RICHE COLLECTION

# DE M. F. DE SAULCY

MEMBRE DE L'INSTITUT.

DONT LA VENTE SE FERA

*Le mercredi 27 novembre 1872 et les 3 jours suivants*
*à 7 heures du soir*

**Rue des Bons-Enfants, 28 (maison Silvestre)**
SALLE DU PREMIER

Par le ministère de Mᵉ DELBERGUE-CORMONT, commissaire-priseur
Rue de Provence, 8.

---

On remarque à la fin du Catalogue les quatre premières éditions
de la *Bible en islandais.*

---

# PARIS

## LIBRAIRIE TROSS

5, RUE NEUVE-DES-PETITS-CHAMPS, 5

1872

# CATALOGUE

# DE LIVRES



# TERRE SAINTE

# ORDRE DES VACATIONS.

---

**Mercredi** 27 *novembre.*

1 — 121

**Jeudi** 28 *novembre.*

122 — 241

**Vendredi** 29 *novembre.*

242 — 360

**Samedi** 30 *novembre.*

361 — 484

Paris. — Typographie de Georges Chamerot, rue des Saints-Pères, 19.

# CATALOGUE

DE

# LIVRES ANCIENS ET MODERNES

SUR LA

## TERRE SAINTE ET LES INDES ORIENTALES

FORMANT LA RICHE COLLECTION

## DE M. F. DE SAULCY

MEMBRE DE L'INSTITUT,

DONT LA VENTE SE FERA

*Le mercredi 27 novembre 1872 et les 2 jours suivants
à 7 heures du soir*

**Rue des Bons-Enfants, 28 (maison Silvestre)**

SALLE DU PREMIER

Par le ministère de M<sup>e</sup> DELBERGUE-CORMONT, commissaire-priseur
Rue de Provence, 8.

———

**On remarque à la fin du Catalogue les quatre premières éditions
de la *Bible en islandais*.**

———

# PARIS

# LIBRAIRIE TROSS

5, RUE NEUVE-DES-PETITS-CHAMPS, 5

—

**1872**

# CONDITIONS DE LA VENTE.

Il y aura, *chaque jour de vente, de deux à quatre heures, exposition des livres composant la vacation du soir.*

Les livres vendus devront être collationnés sur place dans les vingt-quatre heures de l'adjudication. Passé ce délai, ou une fois sortis de la salle de vente, ils ne seront repris pour aucune cause.

Les acquéreurs payeront, en sus du prix d'adjudication, cinq centimes par franc, applicables aux frais.

# CATALOGUE

D'UNE

# COLLECTION DE LIVRES

SUR LA

## TERRE SAINTE

---

1. ACCOLTI. Benedicti de Acoltis Aretini de bello a Christianis contra barbaros gesto pro Christi sepulchro et Judæa recuperandis lib. IIII. *Venetiis, Bernard. de Vitalibus*, 1532; in-4, cart.
    Première édition.

2. — La Guerra fatta da Christiani contra Barbari per la ricuperatione del sepolcro di Christo et della Giudea, di Ben. Accolti, trad. per Franc. Baldelli. *Vinegia, Giolito*, 1549; pet. in-8, demi-rel. mar. br.

3. ADRICHOMIUS. Jerusalem, sicut Christi tempore floruit, Chr. Adrichom Delpho autore. *Coloniæ, Godefridus Kempensis*, 1584; pet. in-8, veau f. (*Anc. rel.*)

4. — Urbis Hierosolimæ quemadmodum ea Christi tempore floruit descriptio, C. Adrichomio auctore. *Coloniæ Agrippinæ*, 1588; pet. in-8, vél.

5. — Urbis Hierosolymæ, etc. *Coloniæ Agrippinæ*, 1592; pet. in-8, peau de truie. (*Aux armes.*)

6. — Theatrum Terræ Sanctæ et biblicarum historiarum, auctore Chr. Adrichomio. *Coloniæ Agrippinæ, Birckmann,* 1600; in-fol. fig. et cartes, veau brun.

7. ADRICHOMIUS. Theatrum Terræ Sanctæ... *Coloniæ Agrippinæ,* 1628; gr. in-fol. fig. et cartes, veau.

8. — Breve descripcion de la ciudad de Jerusalem, por C. Adricomio, trad. por V. Gomez. Va agregado el viage de Jerusalem que hizo y escribio Francisco Guerrero. *Madrid,* 1828; pet. in-8, grande planche, bas. esp.

9. AITSINGER, Terra promissionis topographice descripta per M. Aitsingerum. *Coloniæ Agrippinæ,* 1582; in-4, grande carte et portr. de l'auteur, vélin.

10. ALLATII (Leonis) Symmicta, sive opusculorum græcorum et latinorum libri duo, edente B. Nihusio. *Coloniæ Agrippinæ,* 1653; pet. in-8, veau br. fil.

Entre autres pièces : *Anonymus de locis Hierosolymitanis.*

11. AMICO. Trattato delle piante et imagini de' sacri edifici di Terra Santa, da Bern. Amico. *Firenze, Cecconcelli,* 1620; in-fol. fig. demi-rel. mar. br.

Très-bel exemplaire de Ballesdens d'un ouvrage recherché à cause des planches, dont une grande partie ont été gravées par Callot.

12. ANDERSEN. De Beschryvinge der reizen von Georg Andriesz (1644-50), door Adam Olearius, von J.-H. Glazemaker vertaalt. *Amsterdam,* 1670; in-4, goth. fig. en taille-douce, demi-rel. mar. rouge.

13. D'ANVILLE. Dissertation sur l'étendue de l'ancienne Jérusalem et de son temple et sur les mesures hébraïques de longueur, par d'Anville. *Paris, Prault,* 1747; in-8, grande planche, veau marbré.

14. ARABIA, seu Arabum vicinarumque gentium historia. *Amstelodami, J. Janssonius,* 1633; in-18, bas.

15. ARNAUD. La Palestine ancienne et moderne, ou Géographie historique et physique de la Terre Sainte, par E. Arnaud. *Paris,* 1868; in-8, 3 cartes, broché.

**16.** AUCHER-ELOY. Relations de voyages en Orient, de 1830 à 1838, par Aucher-Eloy, revues et annotées par le comte Jaubert. *Paris,* 1843; 2 vol. in-8, demi-rel. mar. vert.

**17.** BACHIENE (W.-A.). Historische und geographische Beschreibung von Palæstina, aus dem Holländischen übersetzt, von G.-A. Maas. *Cleve und Leipzig,* 1766-75; 7 vol. pet. in-8, cartes, demi-rel. mar. br.

**18.** BARCLAY. The City of the great king, or Jerusalem as it was, as it is, and as it is to be, by J.-T. Barclay. *Philadelphia,* 1857; gr. in-8, fig. noires et color. cart. en toile.

**19.** BARRADAS (Seb.) Olyssiponensis e Soc. Jesu Itinerarium filiorum Israel ex Ægypto in terram promissionis. *Lugduni, J. Cardon et P. Cavellat,* 1620; in-fol. front. gr. veau br. fil.

**20.** — Itinerarium filiorum Israel ex Ægypto in terram repromissionis. *Antverpiæ, Verdussen,* 1621; in-fol. demi-rel. mar. br.

**21.** BATAILLE (la sanguinolente et cruelle) nouvellement obtenue par le sophy roy de Perse, à l'encontre du grand turc Sultan Selin. Ensemble la prinse de la forte ville de Seruan. *Lyon, B. Rigaud,* 1579; pet. in-8, 20 pages et 2 ff. blancs, demi-rel. mar. vert.

**22.** BAUDIER. Histoire générale de la religion des Turcs, par Michel Baudier. *Paris, en la boutique de l'Angelier chez Claude Cramoisy,* 1625; in-4, demi-rel. mar. br.

Incomplet de plusieurs feuillets.

**23.** BAUMGARTEN. Martini a Baumgarten peregrinatio in Ægyptum, Arabiam, Palæstinam et Syriam etc., in lucem edita studio et opera M. Chr. Donaveri. *Norimbergæ,* 1594; in-4, veau ant. à comp. (*Belle reliure datée de 1597.*)

24. BEAUFORT. Egyptian sepulchres and syrian shrines, including some stay in the Lebanon, at Palmyra, and in Western Turky, by E.-A. Beaufort. *London,* 1862 ; 2 vol. pet. in-8, cart. en toile, non rogné.

25. BEAUGRAND. Relation nouvelle du voyage de la Terre Sainte, par F. Félix Beaugrand. *Paris, Warin,* 1700 ; in-12, veau br.

Première édition.

26. — Relation fidelle du voyage de la Terre Sainte, par un religieux de S. François Observantain (F. Beaugrand). *Paris, Valleyre,* 1754 ; in-12, basane.

27. — Relation fidèle du voyage de la Terre Sainte, par un religieux de S. François Observantain. *Paris, Valeyre,* 1760 ; in-12, bas.

28. BEAUVAU. Relation journalière du voyage du Levant, faict et descrit par Henry de Beauvau. *Lyon, Fr. Arnoullet,* 1609 ; pet. in-12, demi-rel. (*Piqué.*)

29. — Relation journalière du voyage du Levant faict et descrit par H. de Beauvau. *Nancy, Garnich,* 1615 ; in-4, fig. en taille-douce, cart.

30. — Relation, etc. *Nancy,* 1619 ; in-4, vél.

(Exemplaire en mauvais état, qui ne peut servir qu'à en compléter un autre.)

31. BECQ. Impression d'un pèlerin de Terre Sainte au printemps de 1855, journal de l'abbé Becq. *Tours, Mame,* 1859 ; in-8, demi-rel. mar. bl.

32. BELLARMIN. Institutiones linguæ Hebraicæ, ex optimo quoque auctore collectæ, Rob. Bellarmino auctore. *Antverpiæ, Plantinus,* 1606 ; in-8, demi-rel.

33. BELON. Les Observations de plusieurs singularitez et choses mémorables, trouvées en Grèce, Asie, Judée, Egypte, Arabie et autres pays estran-

gers, par P. Belon du Mans. *Paris, Guill. Cavellat,* 1554; in-4, fig. sur bois, vél.

34. BELON. Les Observations de plusieurs singularitez et choses mémorables trouvées... par P. Belon du Mans. *Paris, H. Marnef,* 1588; in-4, fig. sur bois, veau br.

Édition augmentee et enrichie de deux cartes nouvelles.

35. BÉNARD. Le Voyage de Hierusalem et autres lieux de la Terre Sainte, faict par le sieur Bénard, Parisien. *Paris, D. Moreau,* 1621; pet. in-8, front. et portrait grav. par Jaspar Isac, demi-rel.

36. BENJAMINUS TUDELENSIS. Itinerarium Benjamini Tudelensis, ex hebraico latinum factum B. Aria Montano interprete. *Antverpiæ, Chr. Plantinus,* 1575; pet. in-8, v. br.

37. — Itinerarium D. Beniaminis (Tudelensis) hebraice, cum versione et notis C. l'Empereur ab Oppyck. *Lugd. Batavorum, ex officina Elzeviriana,* 1633; pet. in-8, v. marbr.

38. BERDINI. Historia del antica e moderna Palestina descritta in tre parti da V. Berdini. *Venetia, Surian,* 1642; in-4, veau br.

39. BERGERON. Voyages faits principalement en Asie dans les XIIe, XIIIe, XIVe et XVe siècles, précédez d'une introduction concernant les voyages et les nouvelles découvertes des principaux voyageurs, par P. Bergeron. *La Haye, Neaulme,* 1735; 2 vol. in-4, fig. et cartes, veau marbr. (*Aux armes du marquis de Cobenzl.*)

40. BERNARD LE SAGE. Voyage de Bernard et de ses compagnons en Egypte et en Terre Sainte, publ. par Francisque Michel. In-4, demi-rel. mar. rouge. (*Extrait.*)

41. BERTHIER. Relation des campagnes du général Bonaparte en Egypte et en Syrie, par le général Berthier. *Paris, Didot, an VIII;* in-8, pap. fin, demi-rel.

42. BERTON. Quatre Années en Orient et en Italie, ou Constantinople, Jérusalem et Rome, 1848-51, par l'abbé Ch. Berton. *Paris,* 1854; in-8, demi-rel. veau f.

43. BESOLDUS. Historiæ urbis et regni hierosolymitani, regum item siculorum et neapolitanorum ad quos illius regni titulus pervenit, auctore Chr. Besoldo. *Argentorati, L. Zetzner,* 1636 ; pet. in-8, v. br.

44. BESSON. Soria santa, overo racconto breve di varij auuenimenti curiosi, e pij accaduti da pochi anni in qua in Soria, specialmente in Aleppo, Damasco, Sidone, Tripoli, e Monte Libano. *Roma,* 1662; in-4, vél.

45. BIAGIO. Siria sacra, descritione historico-geografica, cronologico-topografica delle due chiese Patriarcali Antiochia, e Gerusalemme, primatie, metropolie, e suffragance, collegii, abbadie e monasteri..... composta dall' abbate Biagio Terzi di Laurea. *Roma,* 1719; in-fol. parch.

Fort rare. C'est la même édition que celle de 1695, dont on a renouvelé le titre.

46. BINOS. Voyage par l'Italie, en Egypte, au Mont-Liban et en Palestine ou Terre Sainte, par l'abbé .de Binos. *Paris,* 1787; 2 vol. in-12, figures, demi-rel. mar. br.

47. — Voyage au Mont-Liban par Binos. *Paris,* 1809; 2 vol. in-12, demi-rel. v. ant.

48. BISSELII (Jo.) Palæstinæ, seu terræ sanctæ topothesia. *Ambergæ,* 1659; pet. in-8, 2 cartes, vélin.

49. BLONDEL. Deux Ans en Syrie et Palestine (1838-1839), par Edouard Blondel. *Paris,* 1840; in-8, demi-rel. mar. bl.

50. BOCHARTI (Sam.) Opera omnia. *Lugduni-Ba-*

*tavorum et Trajecti ad Rhenum,* 1707-1712 ; 3 vol. in-fol. figures et cartes, veau br.

Les 2 premiers volumes contiennent le *Hierozoicum,* le 3ᵉ la *Geographia Sacra, seu Phaleg et Canaan.*

51. BOCKENBERCH. Een Pelgerimsche Reise nae de H. Stadt Jerusalem, die gedaen heeft den E. Jacob Dircxz Bockenberch van der Goude in Holland..... Noch een Pelgerimsche reyse die ghedaen heeft Hier. Scheydt van Erffort int Jaer 1615. *Coelen, Henr. van Witten,* 1620 ; in-8, goth. fig. sur bois, demi-rel.

52. BONGARSIUS (Jac.). Gesta Dei per Francos, sive orientalium expeditionum et regni Francorum Hierosolymitani historia, a variis, sed illius ævi scriptoribus, litteris commendata. *Hanovii, typis Wechelianis,* 1611 ; 2 tom. en 1 vol. in-fol. peau de tr. gaufr.

Bel exemplaire d'un ouvrage fort recherché.

53. BONNESERRE. Voyage de Jérusalem et autres lieux saints effectué et décrit en 1644, par M. Fr.-Ch. du Rozel, publié par H. Bonneserre de Saint-Denis. *Paris,* 1864 ; in-8, pap. de Holl. broché.

54. BOSKHIERUS. Orator terræ sanctæ et Hungariæ, seu sacrarum Philippicarum in Turcarum barbariem notæ, autore Ph. Boskhiero. *Duaci, P. Borremans,* 1606 ; pet. in-8, bas.

55. BOTTA. Notice sur un voyage dans l'Arabie heureuse, entrepris en 1836, par P.-M. Botta. Gr. in-4, demi-rel. mar. r. (*Extrait.*)

56. BOUHOURS. Histoire de Pierre d'Aubusson, grand maistre de Rhodes, par le P. Bouhours. *Paris, Séb. Mabre-Cramoisy,* 1676 ; in-4, fig. et portr. veau br.

57. BOURGES. Relation du voyage de monseigneur l'évêque de Béryte par la Turquie, la Perse, etc.,

par M. de Bourges. *Paris, Béchet*, 1666; pet. in-8, carte, demi-rel. mar. vert.

58. BOURGES. Naaukeurig verhaal van de Reis des Bisschops van Beryte uit Frankryck naar China, uit Marsilien naar Aleppo, etc., door M. de Bourges ( trad. en hollandais par J.-H. Glazemaker). *Amsterdam, Wolfgang*, 1669; in-4, fig. en taille-douce, demi-rel. mar. viol.

59. BOVET. Voyage en Terre-Sainte, par Félix Bovet. *Neuchâtel*, 1861 ; in-8, cartes, demi-rel. mar. r.

60. BOUCHER. Bouquet sacré, composé des roses du Calvaire..... et de plusieurs autres belles pensées de la Terre-Saincte, fidellement recueillies l'an 1611 et 1612, par Jean Boucher. *Caen, J. Mangeant*, 1618; in-12, demi-rel. mar. bl.
Première édition.

61. — Le Bouquet sacré, composé des roses du Calvaire, des lys de Bethléem, des hiacintes d'Olivet, et de plusieurs autres rares et belles pensées de la Terre-Sainte, par le R. P. Boucher. *Rouen, G. Machuel*, 1671 ; pet. in-8, parch.
Non cité par Ternaux-Compans.

62. — Le Bouquet sacré, ou le Voyage de la Terre-Sainte, par le R. P. Boucher. *Rouen, Oursel*, 1735; in-12, demi-rel. mar. bl.

63. — Le Bouquet sacré, ou le Voyage de la Terre-Sainte. *Rouen, Behourt*, (1752); in-12, parch.

64. — Le Bouquet sacré, ou le Voyage de la Terre-Sainte, par le R. P. Boucher. *Rouen, P. Seyer*, 1752; in-12, demi-rel. mar. bleu.

65. BRAMSEN. Promenade d'un voyageur prussien en diverses parties de l'Europe, de l'Asie et de l'Afrique, par M. Bramsen. *Paris*, 1818; 2 vol. in 8, demi-rel.

**66.** BRANT (Seb.). De Origine et conversatione bonorum regum et laude Ciuitatis Hierosolymæ, cum exhortatione ejusdem recuperandæ. *Basileæ, opera et impensa Johannis Bergman de Olpe,* 1495; pet. in-4, 160 feuillets, car. ronds, cart.

Volume très-rare. Hain, Repertorium, n° 3735.

**67.** BREUNING. Orientalische Reysz des Edlen unnd Vesten Hansz Jacob Breuning von Buochenbach. *Strassburg, bei Johann Carolo,* 1612; in-fol. fig. et cartes, veau br.

**68.** BREYDENBACH. Sanctarum peregrinationum in montem Syon ad venerandum Christi sepulcrum in Jerusalem atque in montem Synai opusculum. *Per Erhardum Reuwich de Traiecto inferiori impressum in civitate Moguntina,* 1486; in-fol. goth. fig. sur bois. demi-rel. mar. br.

Exemplaire complet quant au texte, mais incomplet de quelques parties des planches. Raccommodages.

**69.** — Fart über mer zu dem heiligen grab unsers herren Jhesu Cristi gen Jerusalem. *Durch Erhardt Rewich von Uttricht ynn der statt Meyntz getrucket,* 1486; in-fol. goth. fig. sur bois, demi-rel. cuir de Russie.

Exemplaire Quatremère, avec toutes les planches pliées, y compris les vues de Venise et de Jérusalem. Quelques raccommodages à la première de ces vues.

**70.** — Werck inhoudende die heylighe beuarden tot dat heylighe grafft in Iherusalem, etc. *Ghedruct doir meister Eeerhaert Rewich van Utrecht in die Stadt van Mentz,* 1488; in-fol. goth. fig. sur bois, demi-rel. mar. br.

Édition fort rare. Cet exemplaire ne contient que des fragments des grandes planches pliées, et il est incomplet des signatures D et L.

**71.** — Heiligẽ reysen gein Jherusalem. *S. l. n. d.;* in-fol. goth. figures sur bois, demi-rel. mar. br.

Édition décrite par Hain sous le n° 3958. L'exemplaire est incomplet du premier feuillet et ne contient que des fragments des grandes planches pliées.

**72.** — Die fart oder reysz uber mere zu dem heiligẽ grab unsersherren Jhesu Christi gen Jerusalem.

*Augspurg, A. Sorg,* 1488; in-fol. goth. fig. sur bois, demi-rel. mar. br.

Édition fort rare, exactement décrite p. Hain sous le n° 3960.

**73. BREYDENBACH.** Sanctarum peregrinationum in montem Syon ad venerandum Christi sepulchrum in Hierusalem atque in montem Synai ad divam virginem et martyrem Katherinam. *Spiræ, Petr. Drach,* 1490; in-fol. goth. fig. en bois, demi-rel. mar. br.

Incomplet de plusieurs planches (signé B. C. D. et O.), notamment des vues de Venise et de Jérusalem.

**74.** — Sanctarum peregrinationem, etc. *Spiræ, Petr. Drach,* 1490 ; in-fol. goth. veau gaufré. (*Rel. de l'époque.*)

Exemplaire incomplet, toutes les grandes planches ne s'y trouvent pas.

**75.** — Sanctarum Peregrinationum, etc. *Per Petrum Drach civem Spirensem impressum,* 1502; in-fol. goth. fig. sur bois, demi-rel. mar. br.

Incomplet du titre et des cahiers B, C, D.

**76.** — Le Grant Voyage de Hierusalem..... Traitté des croisées et entreprinses faictes par les roys et princes crestiens pour la recouvrance de la Terre-Saincte. — Des guerres des Turcs et Tartarins, la prinse de Constantinople, du siége de Rhodes, etc. *Imprimé à Paris, pour François Regnault,* 1522; pet. in-fol. goth. fig. sur bois, veau f. fil. tr. dor.

On y trouve à la page 198 les deux lettres de Pasqualigo parlant de l'exploration de C. Cortereal des côtes de Labrador. (Bibl. Amer. Vet. *Additions,* p. 84.)
Manque la planche de Jérusalem, et 2 ff. dans la signature *b.*

**77. BROCARDUS.** Veridica Terræ Sanctæ : Regionumque finitimarum : ac in eis mirabilium Descriptio. Nusquam antehac impressa (ed. Joannes Host de Romberch Kyrspensis). *Venetiis, in ædibus Joa. Tacuini de Tridino,* 1519; pet. in-8, goth. rel. en bois, rec. de mar. br.

Première édition publiée à part, d'une assez grande rareté. Le volume a été publié antérieurement dans les *Rudimenta Novitiorum Lubecæ,* 1475.

78. BROCARDUS. Descriptio Terræ Sanctæ et regionum finitimarum, auctore Brocardo monacho.
Item itinerarium Hierosolymitanum Barth. de
Saligniaco, ex bibliotheca Alvenslebiana. *Magde-
burgi,* 1587; 2 part. en 1 vol. in-4, demi-rel. mar.
rouge.

79. — Palæstina, seu Descriptio Terræ Sanctæ so-
lertissima, auctore R. P. Brocardo Monacho, re-
stitutore Ph. Bosquiero. *Coloniæ Agrippinæ,* 1624;
pet. in-8, vél.

80. BROWNE. Nouveau Voyage dans la haute et
basse Egypte, la Syrie, le Dar-Four, où aucun
Européen n'avoit pénétré, 1792-98, par W.-G.
Browne, trad. par J. Castera. *Paris,* 1800; 2 vol.
in-8, fig. et cartes, demi-rel.

81. BSCHEIDER. Das heilige Land, nach seinem
gegenwärtigen Zustande geschildert von Fr. Gra-
tus Bscheider. *Augsburg,* 1791; pet. in-8, fig.
demi-rel. veau f.

82. BUCKINGHAM. Travels among the Arab tribes
inhabiting the countries East of Syria and Palestina, by J.-S. Buckingham. *London,* 1825; gr. in-4,
fig. demi-rel.

83. — Reisen durch Syrien und Palæstina, von
J.-S. Buckingham. *Weimar,* 1827-28; 2 vol. in-8,
fig. et carte, cart.

84. BUNTING. Itinerarium Sacræ Scripturæ, das
ist, Eyn Reisebuch über die gantze heilige Schrift,
durch Hein. Bunting. *Leipzig,* 1585; in-fol. cartes,
gr. en bois, cart.

85. — Itinerarium Sacræ Scripturæ, dat is een
Reysbock over die gantsche heylighe Schrift door
H. Bunting. *Arnheim, J. Janssen,* 1605; in-4,
goth. fig. sur bois, cart.

86. — Itinerarium S. Scripturæ, dat is het Reys-
boek der H. Schrifture, met de beschryvinge der

Landen, Steden, Bergen, etc., door H. Bunting. *Haerlem*, 1614; in-4, goth. à 2 col. cartes, rel. en bois, rec. de veaubr.

87. BUNTING. Itinerarium Sacræ Scripturæ , etc., vermeert door Math. Hazard. *Amsteldam*, 1648; in-4, goth. fig. sur bois, vél.

88. — Itinerarium Sacræ Scripturæ, dat is het Reys-boek der Heyligher Schrift, vermeerdert door M. Hazard. *Amsterdam*, 1663; in-4, goth. à 2 col. cartes, demi-rel. mar. br.

89. BURCKHARDT. Voyages en Arabie, contenant la description des parties du Hedjaz, suivis de notes sur les Bédouins et d'un essai sur l'histoire des Wahhabites, par J.-L. Burckhardt, trad. par J.-B. Eyriès. *Paris*, 1835; 3 vol. in-8, fig. et carte, demi-rel. mar. viol.

90. BUSCH. Eine Wallfahrt nach Jerusalem, Bilder ohne Heiligenscheine, von Moritz Busch. *Leipzig*, 1863; 2 tomes en 1 vol. pet. in-8, demi-rel. mar. vert.

91. CALMET. Histoire de l'Ancien et du [Nouveau Testament et des Juifs, par A. Calmet. *Paris*, 1770; 5 vol. in-12, fig. et cartes, veau marbr.

92. CANISIUS. Antiquæ Lectionis tomi VI, omnia nunc primum e manuscriptis edita et notis illus-trata, ab Henr. Canisio. *Ingolstadii*, 1601-1604; 6 vol. in-4, veau br.

C'est surtout le 6e volume qui est intéressant pour l'histoire de la Terre-Sainte.
Première et rare édition.

93. CAORSIN. Guilielmi Caorsin Rhodiorum vice-cancellarii: obsidionis Rhodiæ urbis descriptio. *S. l. a.* (*Romæ, Euch. Silber, circa* 1478); pet. in-4, car. ronds, 18 ff. à 26 lignes, mar. vert, tr. dor. (*Rel. anglaise.*)

Édition fort rare, probablement la première.

**94.** CAORSIN. Guilelmi Caoursin Rhodiorum Vice-cancellarii obsidionis Rhodiæ urbis descriptio. *Impressum Ulme per Johannem Reger,* 1496; in-fol. goth. cuir de Russie à comp. tr. dor.

Bel exemplaire d'un ouvrage fort recherché à cause des 36 grandes gravures en bois qu'il renferme.

**95.** — Historia von Rhodis, wie ritterlich sie sich gehalten mit dem Tyrannischen Keyser Machomet. *Strasburg, M. Flach,* 1513; in-fol. goth. à 2 col. nombreuses grav. sur bois, col. à l'époque, demi-rel. mar. br.

Traduction de l'ouvrage de Caoursin, par Johannes Adelphus.

**96.** CARMOLY. Tour du monde, ou Voyage du rabbin Péthachia de Ratisbonne dans le XIIe siècle, publ. en hébreu et en français par E. Carmoly. *Paris, Impr. royale,* 1831; in-8, demi-rel. mar. brun.

**97.** CARNE. La Syrie, la Terre-Sainte, l'Asie-Mineure, etc., illustrées de vues par Bartlett, W. Purser, etc., les explications par John Carne, trad. de l'anglais par A. Sosson. *Londres, Fisher,* 1836; in-4, fig. cart. en toile.

**98.** CARRÉ. Voyage des Indes-Orientales, mêlé de plusieurs histoires curieuses, par M. Carré. *Paris, veuve Claude Barbin,* 1699; 2 vol. in-12, bas. marbré.

**99.** CASTELA. La Guide et adresse pour ceux qui veullent faire le S. Voiage de Hierusalem, par V.-P.-F. Henry Castela, Tolosain, confesseur des dames religieuses de Bordeaux. *Paris, L. Sonnius,* 1604; in-12, front. gravé par L. Gaultier, vélin.

Bel exemplaire d'un volume fort rare.

**100.** CASTILLO. El Devoto Peregrino, viage de Tierra Santa, compuesto por el P.-F. Ant. de Castillo. *Madrid, imprenta real,* 1656; in-4, fig. et cartes, demi-rel. mar. br.

Seconde édition, d'une grande rareté.

101. CASTILLO. Il Devoto Peregrino y viage de la Tierra Santa, compuesto por el R. Padre Fr. Antonio del Castillo. *Barcelona, Arroque,* (1755); pet. in-8, demi-rel. mar. br.

102. — El Devoto Peregrino y viage de Tierra Santa, compuesto par el P. F. Antonio del Castillo. *Madrid.* 1806; pet. in-8, bas.

103. CASTLEMAINE. Das von den Türcken auffsæusserst bedrængte, aber durch die Christliche Waffen der Heroischen Republic Venedig beschützte Candia, etc., durch den Grafen von Castlemaine. *Franckfurt,* 1669; in-4, fig. et cartes. demi-rel. mar. br.

104. CASTLEREAGH. A Journey to Damascus through Egypt, Nubia, Arabia Petræa, Palestina and Syria, by Castlereagh. *London,* 1847; 2 vol. in-8, cart. en toile non rog.

105. CELLARIUS. Notitiæ orbis antiqui, sive geographiæ plenioris tomi duo, Chr. Cellarius collegit. *Lipsiæ,* 1706; 2 vol. in-4, cartes, bas.

106. CENTENO. Historia de cosas del Oriente, primera y segunda parte. Contiene una descripcion general de los Reynos de Assia (sic) con las cosas mas notables dellos.... par Amaro Centeno. *Cordova, en casa de Diego Galuan,* 1595; in-4, mar. vert, tr. dor. (*Rel. anglaise.*)

Volume rare vendu 9 £ 9 sh. Knights.

107. CHARTON. Voyageurs du moyen âge, avec biographies, notes et indications iconographiques. *Paris,* 1855; in-8, fig. demi-rel.

108. CHAULMER. Le Tableau de l'Asie, où sont représentez les royaumes, républiques, etc., par le sieur Chaulmer. *Paris, Hénault,* 1654; petit in-12, vél.

109. CHRONICON Hierosolymitanum, id est, de bello sacro historia, exposita libris XII, et nunc

primum in lucem edita, opera et studio R. Rei-
neccii. *Helmaestadii*, 1584; in-4, demi-rel.

**110. COLA.** Viazo da Venesia al sancto Iherusalem
et al monte Sinai sepulcro de sancta Chaterina....
(di Joanne Cola). *Bologna, Justiano da Rubiera,*
1500; in-fol. goth. nombreuses gravures sur bois,
demi-rel. mar.

Volume de la plus grande rareté. L'exemplaire a quelques taches et raccommodages, mais à peu de frais on peut en faire un beau livre.

**111. COLOME.** Notice de l'Écriture sainte, ou Description topographique, chronol. hist. et critiques des royaumes, provinces, etc., dont il est
fait mention dans la Vulgate, par le R. P. Colome.
*Paris*, 1773; in-8, bas.

**112. COMPENDIUM** Privilegiorum fratrū ordinis
minorum, necnon et aliorum fratrum mendican-
tium, ordine alphabetico. *Impressum Hispali, in
domo Joannis Varela, Salmaticen.* 1530; in-4,
goth. à 2 col. vél.

Les feuillets LXV — LXVII contiennent : *Indulgentie Jerusalem.*

**113. CONTARINI.** Il Viazo del clarissimo messer
Ambrosio Contarini Ambasciator della Illustris-
sima Signoria di Venetia, al signor Uxuncassan,
Re di Persia. *Venetia,* 1543; pet. in-8, vél.

Vendu 80 francs chez Walckenaer.

**114. COPPIN.** Le Bouclier de l'Europe, etc. Avec
une relation des voyages faits dans la Turquie, la
Thébaïde et la Barbarie, par le R. P. Coppin. *Imprimé au Puy et se vend à Lyon chez A. Brias-
son,* 1686; in-4, demi-rel.

**115. —** Relation des voyages faits dans la Turquie,
la Thebaïde et la Barbarie, par J. Coppin. *Lyon,
Bruyset,* 1720; in-4, fig. v. br.

C'est le même ouvrage que le Bouclier d'État.

**116. CORNILLE.** Souvenirs d'Orient, par Henri
Cornille. Constantinople, Grèce, Jérusalem,

Egypte. 1831-1832-1833. *Paris*, 1833; in-8, demi-rel.

**117.** COTOVICUS. Itinerarium hierosolymitanum et syriacum, auctore Jo. Cotovico. *Antverpiæ, Hier. Verdussen*, 1619; in-4, fig. et cartes, veau ant. fil.

**118.** COULOMB. Le Calvaire et Jérusalem d'après la Bible et Josèphe, par l'abbé Coulomb. *Paris*, 1866; in-8, grande planche, demi-rel. mar. viol. (Envoi d'auteur.)

**119.** COUTELLE. Observations sur la topographie de la presqu'île de Sinai, par J.-M.-J. Coutelle. In-8, demi-rel. (Extrait.)

**120.** CRISTIANUS de ymagine mundi ad Honorium (Augustodunensem), 26 feuillets. — *Incipit liber descriptionis Terre Sancte*, cuius auctor ignoratur. Cum in veteribus hystoriis legamus quosdam lustrasse prouincias, sicut dicit beatus Ieronymus, et maria transfretasse ut ea que ex libris nouerant coram posita viderent, etc. *Le premier chapitre commence :* Divisio terrarum adjacentium. Sciendum est autem in principio quod terra ista quam sanctam dicimus, que occidit in sortem XII tribuum Israhel. — *Chapitre II.* Prima divisio descriptionis Terre Sancte. Sciendum igitur primo sicut supradictum est quod Terra Sancta in quatuor partes diuisa, quæ partes respondent quatuor plagis cœli, etc. 36 ff. in-fol. à 2 col. rel. en bois (l'un des plats de la reliure cassé.)

Beau manuscrit d'une écriture très-régulière du commencement du xv^e siècle. Il contient des chapitres comme : De fructibus Terræ Sanctæ. — De diuersitate habitatorum Terræ Sanctæ. — De cultu et moribus Christianorum qui sunt in ecclesia orientali. — De officio misse ecclesie orientalis, etc.

**121.** — Cristianus ad solitarium quendam de ymagine mundi Honorio. *S. l. a. (Norimbergæ, Koberger*, 1472); in-fol. goth. 46 ff. à 32 lignes par page, cart.

Très-bel exemplaire de cette cosmographie et chronologie extremement rare. Sur quelques marges se trouvent des notules mss. d'une main du xv<sup>e</sup> siècle.

**122.** CUNÆI (P.) de Republica Hebræorum libri III. *Amstelodami*, 1666; in-18, vél.

**123.** — La République des Hébreux, où l'on voit l'origine de ce peuple, ses loix, sa religion, etc. (trad. de Cunéus, par G. Gœrée). *Amsterdam, P. Mortier*, 1705; 3 vol. pet, in-8, v. brun.

Les planches manquent.

**124.** DANDINI. Voyage du Mont-Liban, trad. de l'italien de Dandini, par R. S. P. (Richard Simon). *Paris, Billaine*, 1675; in-12, cart.

**125.** — Voyage du Mont-Liban, trad. de l'italien du R. P. Jerosme Dandini, par R. S. P. (R. Simon). *Paris*, 1685; in-12, v. br.

La carte manque.

**126.** DANIEL. Pèlerinage en Terre Sainte de l'higoumène russe Daniel, au commencement du xii<sup>e</sup> siècle (1113-1115), trad. pour la première fois, accompagné de notes critiques et suivi du texte russe, par A. de Noroff. *Saint-Pétersbourg, impr. de l'Académie des sciences*, 1864; gr. in-4, 3 planches pliées, demi-rel. mar. br.

**127.** DAPPER. Naukeurige Beschryving van Syrie en Palestyn of Heilige Land, door O. Dapper. *Amsterdam, J. van Mœurs*, 1677; in-fol. fig. et cartes, v. br.

**128.** — Naukeurige Beschryving, etc. *Amsterdam*, 1677; in-fol. vél. cordé.

Magnifique exemplaire sur *grand papier fort.*

**129.** — Asia, oder Beschreibung des gantzen Syrien und Palestina oder gelobten Landes, von O. Dapper. *Nürnberg*, 1688-89. — Italienische, Dalmatische, Griechische und Orientalische Reise-Beschreibung, von Jac. Spon und G. Wheler,

übersetzt von J. Venudier. *Nürnberg*, 1690; 2 part.
1 gros vol. in-fol. nombreuses gravures, vél.

130. DAPPER. Asia oder Beschreibung des gantzen
Syrien und Palestins. *Nürnberg*, 1688; 2 tom. en
1 vol. in-fol. fig. et cartes, vél.

131. DE LA ROIERE. Voyage en Orient (*Paris*,
1833); in-8, cart. en toile.

Voyage en compagnie de Lamartine.

132. DES CHAMPS. Voyage de la Terre Sainte et du
Levant, par P. F. Barthélemy des Champs, Recol-
let de la Province de Flandres. *Liége, P. Dan-
thez* (1678); pet. in-8, demi-rel. vél.

Ce livre est d'une rareté extrême; le titre est d'impression moderne.

133. DESHAYES. Voyage du Levant fait par le commandement du Roy en l'année 1621 par le sieur
D. C. (Deshayes de Courmenin). *Paris, Taupinart*, 1624; in-4, fig. demi-rel.

134. — Voyage du Levant fait par le commandement du Roy en l'année 1621, par le sieur
D. C. (Deshayes de Courmenin). Seconde édition.
*Paris, Taupinart*, 1632; in-4, fig. demi-rel.
mar. bl.

135. — Voyage du Levant fait par le commande-
ment du Roy en l'année 1621, par le sieur D. C.
(Deshayes de Courmenin). Troisième édition.
*Paris, Taupinart*, 1645; in-4, fig. v. ant.

136. DES VIGNOLES. Chronologie de la Terre-
Sainte et des histoires étrangères qui la concer-
nent, par Alp. Des Vignoles. *Berlin, Haude*, 1738;
2 vol. in-4, cartes, cart. n. rog.

137. DIETERICI. Reisebilder aus dem Morgenlande, von Fr. Dieterici. *Berlin*, 1853; 2 tomes
en 1 vol. in-8, fig. demi-rel. mar. br.

138. DOES (J. van der). Verscheyde Voyagien ofte
Reysen gedaan door Joris van der Does na Con-
stantinopelen, Adriaen de Vlaming na Hierusa-

lem, etc. *Dordrecht, V. Caeymax*, 1652; in-12, fig. v. br.

**139. DOUBDAN.** Le Voyage de la Terre-Sainte, contenant une véritable description des lieux plus considérables que N.-S. a sanctifiés de sa présence; l'estat de la ville de Jérusalem, etc., par M. J. D. P. (Doubdan). *Paris, Fr. Clousier*, 1657; in-4, fig. demi-rel. mar. r.

Première édition, non citée par Brunet.

**140.** — Le Voyage de la Terre-Sainte, etc. Seconde édition, enrichie de figures, par M. J. Doubdan. *Paris, Fr. Clousier*, 1661; in-4, fig. v. br.

**141.** — Le Voyage de la Terre-Sainte, par M. J. Doubdan. Troisième édition. *Paris, Fr. Clousier*, 1666; in-4, fig. v. br.

**142. DUBLIVLIUS.** Hierosolymitanæ peregrinationis hodœporicum, F. Joanne Dublivlio authore. *Coloniæ, Grevenbruch*, 1600; pet. in-8, cartonné, non rog.

**143. DU CASTEL.** Relation des voyages de M. de Breves, ensemble un traicté faict l'an 1604 entre le roy Henry le Grand et l'Empereur des Turcs, etc., le tout recueilly par le S. D. C. (Du Castel). *Paris, Nic. Gasse*, 1628; in-4, veau marbr.

**144. DU MONT.** Nouveau Voyage du Levant, par le sieur D. M. (Du Mont). *La Haye, Foulque*, 1694; in-12, fig. v. br.

**145.** — Nieuwe Reyse naa de Levant, of het Oosten, gedaan 1689-93, door den Heer Du Mont. *Utrecht, Schouten*, 1695; in-4, goth. fig. vél.

**146.** — Reyzen van den Her Du Mont, door de grootste gedeeltens van Europa en Africa. *Utrecht, Schouten*, 1699; in-4, fig. vél.

**147. ECKLIN.** Reisz zum heiligen Grab. Meerfart so Daniel Ecklin gethan hat, von Arow ghen

Hierusalem zum heiligen Grab, durch H. H. Ragor von Arow an Tag geben. *Basel, Sam. Apiarius,* 1575; pet. in-4, grav. sur bois au t tre, cart.

148. EGRON. La Terre-Sainte et les lieux illustrés par les apôtres, vues pittoresques, histoire, description, mœurs actuelles, par l'abbé Gr. et A. Egron. *Paris,* 1847; in-8, fig. demi-rel.

149. EGYPT and Mohammed Ali, or Travels in the valley of the Nile. *London,* 1834; 2 vol. in-8, cart. en toile n. rog.

150. EMDRE. Reizen door Palestina, in eenige aangenaame brieven, met eene op nieuw gemaakte aftekening der stad Jerusalem, door S. van Emdre. *Utrecht,* 1797-98; 2 vol. in-8. cartes, demi-rel. mar. br.

151. EN ORIENT. Impressions et réminiscences. *Saint-Pétersbourg, imprimerie du Ministère des Finances,* 1867; 2 vol. gr. in-8. demi-rel. mar. vert.

152. ENCINA. Viage y peregrinacion que hizo y escribio en verso Juan de la Encina en compañia del marqués de Tarifa, en que refire lo mas particular de lo sucedido en su viage y santos lugares de Jerusalém. *Madrid, P. Aznar,* 1786; pet. in-8, cart.

153. FABER. Eygentliche Beschreibung der hin unnd wider farth zu dem Heyligeu Landt gen Jerusalem, und furter durch die grosse Wüsteney zu dem Heyligen Berge Horeb Sinay, von Bruder Felix Lesemeyster und Prediger zu Ulm. *S. l.,* 1556; in-4 goth. fig. sur bois au titre, d.-rel. mar. r.

154. — Fratris Felicis Fabri Evagatorium in Terræ Sanctæ, Arabiæ et Egypti peregrinationem, ed. C. D. Hassler. *Stuttgardiæ, Societas litteraria,* 1843-49, 3 vol. in-8, d.-rel. mar. rouge.

Tiré à petit nombre et non mis dans le commerce.

**155.** FAILONI. Viaggio in Siria e nella Terra Santa, di Giovanni Failoni. *Verona,* 1833 ; in-8, fig. d.-rel. mar. br.

**156.** FERGUSSON. The Holy Sepulchre and the Temple at Jerusalem , by J. Fergusson. *London,* 1865; in-8, fig. cart. en toile, non rogné.

**157.** FERMANEL. Observations curieuses sur le voyage du Levant fait en 1630 par Mess. Fermanel, Fauvel, Baudouin sieur de Launay, etc. *Rouen, vefve Ant. Ferrand,* 1668; in-4, 6 ff. prél. et 882 pages, veau brun.

**158.** — Le Voyage d'Italie et du Levant de Fermanel , Fauvel , Baudouin de Launay et de Stochove. *Rouen, A. Maurry,* 1670; in-12, veau brun.

**159.** — Le Voyage d'Italie et du Levant de MM. Fermanel, Fauvel, Baudouin de Launay et de Stochove. *Rouen, J. Herault,* 1670; in-12, vél.

**160.** — Le Voyage d'Italie et du Levant de MM. Fermanel, Fauvel, Baudouin de Launay et de Stochove. *Rouen, chez la veuve de Louis Behourt,* 1687 ; in-12, d.-rel.

Édition non citée par Ternaux-Compans.

**161.** FERRIERES-SAUVEBOEUF. Mémoires historiques, politiques et géographiques des voyages du comte de Ferrières-Sauvebœuf, faits en Turquie, en Perse et en Arabie, 1782-1789. *Paris,* 1790 ; 2 vol. in-8, cart.

**162.** FISCHER. Palæstina nach seinen natürlichen und geschichtlichen Verhältnissen, geschildert von A. S. Fischer. *Wien,* 1868 ; in-12, cart.

**163.** FLAMINII (Leonis) Itinerarium per Palæstinam, das ist, eine mit vielen schönen Curiositäten angefüllte Reisz - Beschreibung. *Rotenburg,* 1681; in-4, fig. demi-rel. mar. brun.

164. FORBIN. Voyage dans le Levant, en 1817 et 1818, par le comte de Forbin. *Paris, Impr. roy.*, 1819; in-8, demi.-rel.

Sans les planches.

165. FRESCOBALDI. Viaggio di L. di Nicolo Frescobaldi in Egitto e in Terra Santa, con le relazioni del Nilo... operette di Lor. Magalotti, preceduto da un discorso sopra il commercio degl' Italiani nel secolo xiv di G. Manzi. *Parma*, 1845; in-12, demi-rel. mar. bl.

166. FURERI (Chr.) ab Haimendorf Itinerarium Ægypti, Arabiæ, Palæstinæ, Syriæ aliarumque regionum orientalium. *Norimbergæ*, 1620; in-4, portr. et fig. demi-rel. mar. v.

167. — Chr. Fuereri ab Haimendorf Itinerarium Ægypti, Arabiæ, Palæstinæ, Syriæ aliarumque regionum orientalium. *Norimbergæ, A. Wagemann*, 1621; in-4, portrait et fig. demi-rel. mar. bleu.

168. GARCIA. Derechos legales y estado di Tierra Santa, coleccion de documentos y noticias, pertenecientes al derecho que las potencias cristianas tienen á la posesion de sus santuarios, por Manuel Garcia. *Palma, Guasp*, 1814; pet. in-4, fig. demi-rel. mar. br.

169. GAUCHERAUD. Pèlerinage d'une jeune fille du canton d'Unterwalden à Jérusalem, dans les années 1828-31, publ. par H. Gaucheraud. *Paris* (1836); 2 vol. in-8, demi-rel.

170. GEISHEIM. Die Hohenzollern am heiligen Grabe zu Jerusalem, insbesondere die Pilgerfahrt der Markgrafen Johann und Albrecht von Brandenburg im Iahre 1435, von F. Geisheim. *Berlin*, 1858; in-8, demi-rel. mar. br.

171. GENTIL. Souvenirs d'Orient. Anecdotes de voyage, légendes, mœurs, coutumes, etc., détails nouveaux sur Malte, le Liban, la Syrie et l'É-

gypte, par E. Gentil. *Metz et Paris*, 1855.— Mort d'un pèlerin à Jérusalem en 1852, notice sur les derniers moments du comte Ch. de Coetlosquet. *Paris,* 1854; — 1 vol. in-8, fig. demi-rel. mar. vert.

172. GEORGIEVIZ. De Turcarum moribus epitome, Barth. Georgieuiz Peregrino autore. Ex variis æditonibus adauctum opus et linguæ Turcicæ principiis locupletatum. *Parisiis, H. de Marnef*, 1566; in-16, fig. sur bois, vél.

173. GERAMB. Pèlerinage à Jérusalem et au mont Sinaï, en 1831, 1832 et 1833, par le R. P. M.-J. de Géramb. *Paris et Laval*, 1836; 3 vol. in-8, fig. et cartes, demi-rel. veau f.

174. GHISTELE. Tvoyage van Mhr van Ghistele, etc. *Te Ghendt, by Henric van den Keere*, 1557; in-4, goth. demi-rel. mar br.

Bel exemplaire d'une édition fort rare.

175. — Tvoyage van Mhr Joos van Ghistele. *Ghendt, Gheeraert van Salenson*, 1572; in-4 goth. demi-rel. mar. br.

Édition rare que M. Brunet indique par erreur comme, étant du format in-fol. Elle donne la relation curieuse d'un voyage fait en Palestine en 1481.

176. GIBLET. Histoire des rois de Chypre de la maison de Lusignan, et les différentes guerres qu'ils ont eues contre les Sarrazins et les Génois, trad. de l'italien de Henri Giblet Cypriot. *Paris*, 1732; 2 tomes en 1 vol. in-12, bas.

177. GOEJE. Mémoire sur la conquête de la Syrie, par M. J. de Goeje. *Leyde*, 1864; in-8, demi-rel. veau rouge.

178. GONSALES. Hierusalemsche Reyse van den eerw. Pader P. Anthonius Gonsales. *T' Antwerpen, M. Cnobbaert*, 1673; 2 vol. in-4, fig. veau br.

179. GOUJON. Histoire et voyage de la Terre-Sainte, où tout ce qu'il y a de plus remarquable dans les

saints lieux est très-exactement descrit , par le
R. P. Jaques Goujon. *Lyon, P. Compagnon et
R. Taillandier*, 1670; in-4, figures, bas.
Volume devenu fort rare.

180. GOUJON. Histoire et voyage de la Terre-Sainte,
où tout ce qu'il y a de plus remarquable dans les
saints lieux est très-exactement descrit, par le
R. P. J. Goujon. *Lyon, P. Compagnon et R. Taillandier*, 1671 ; in-4, fig. mar. marbr.

181. GRATZ. Schauplatz der Heiligen Schrift, oder
das alte und neue Morgenland, von L. Cl. Gratz.
*München*, 1858; in-8, 15 cartes, demi-rel. mar.
brun.

182. GREGORII episcopi Nyssæ de euntibus Iero-
solyma epistola, latine versa et notis illustrata a
Petro Molineo. *Hanoviæ, typis Wechelianis*, 1607;
pet. in-8, demi-rel. mar. vert.

183. GROEBEN. Orientalische Reise-Beschreibung
des Brandenburgischen Adelichen Pilgers, O. F.
von der Gröben, nebst der Brandenburgischen
Schifffahrt nach Guinea. *Marienwerder*, 1694;
in-4, nombreuses planches, cart.

184. — Des Herrn Otto Friedrich von der Groeben
Orientalische Reisebeschreibung. *Danzig, L. We-
del*, 1779; in-8, demi-rel. mar. br.

185. GROOT (A. de). Historia migrationum Hebræorum extra patriam. *Groningæ*, 1818. —
L. GERLACHI PAREAU Commentatio de historia
migr. Hebr., etc. *Groningæ*, 1818. — 1 vol. in-4,
demi-rel. mar. br.

185 *bis*. GUERRERO. El Viage de Hierusalem, que
hizo Francisco Guerrero, racionero y maestro de
Capilla, de la Santa Iglesia de Seuilla. *En Seuilla,
en casa de Iuan de Leon*, 1596; pet. in-8, v.
Volume fort rare. Petite piqûre aux feuillets 5-15.

186. GUICHARD. Oratio habita a Thoma Gui-
chardo Rhodio coram Clemente VII Pont. Max. in

qua Rhodiorum oppugnationis et deditionis summa continetur. *Romæ, Minitius Caluus*, 1524; pet. in-4, 12 ff. car. ronds, bordure grav. sur bois au titre, demi-rel. mar. br.

187. GUIDA del pellegrino divoto in Terra Santa. *Roma, Bertinelli*, 1856; in-18, demi-rel. mar. v.

188. GUILELMUS TYRIUS. Historia della guerra sacra di Gierusalemme, della Terra di Promissione, e quasi di tutta la Soria, raccolta in XXIII livri da Guglielmo di Tiro, trad. da Gius. Horologgi. *Venetia, V. Valgrisi*, 1562; in-4, veau f. (*Anc. rel.*)

189. GUILLEBERT DE LANNOY. Voyages et ambassades de messire Guillebert de Lannoy (publ. par C.-P. Serrure). *Mons*, 1840; carte. (Pap. de Hollande.) — Examen critique des voyages et ambassades de Guillebert de Lannoy, 1399-1450, par E. Gachet. *Bruxelles*, 1843. — Guillebert de Lannoy et ses voyages en 1413, 1414 et 1421, commentés en français et en polonais par J. Lelewel. *Bruxelles et Poznan (Posen)*, 1844; carte. (*Tiré à* 100 *exemplaires.*) — 1 vol. in-8, demi-rel. mar. bl.

190. GUMPENBERG. Warhafftige Beschreybung der Merfart son von den..... Stephan von Gumpenberg, F. von Wolfskel und H. von Kameraw.... vollbracht worden. *Franckfurt am Meyn*, 1561. — Gründtlicher und Eigentlicher Bericht der Meerfart, so Joh. Thucher gen Venedig, Jerusalem, etc., gethan. *Franckfurt*, 1561. — 1 vol. in-4, peau de tr. ferm.

191. HALMA. Kanaan en d'omleggande landen, vertoont in een woordenbock... door F. Halma. *Leuwarden*, 1717; in-4, figures et cartes, vél. cordé.

192. HAMILTON. Sinai, the Hedjaz and Soudan, wanderings about the birthplace of the prophet,

by J. Hamilton. *London*, 1857 ; in-8, cart. en toile, non rogn.

193. HASSELQUIST. Reise nach Palæstina in den Iahren 1749 bis 1752, herausg. von Carl Linnæus. *Rostock*, 1762 ; in-8, demi-rel.

194. — Voyages dans le Levant dans les années 1749-52, par Fr. Hasselquist, publiés par Charles Linnæus, traduits de l'allem. (par Eydous). *Paris, Saugrain*, 1769; 2 tomes en 1 vol. in-12, demi-rel. mar. r.

195. HASSELT. Les Belges aux croisades, par A. van Hasselt. *Bruxelles*, 1846 ; 2 tomes en 1 vol. in-12, fig. demi-rel. mar. r.

196. HAULT. Le Voyage de Hierusalem fait l'an mil cinq cens quatre vingts treize, contenant l'ordre, despence et remarquables notes en iceluy par Nicolas de Hault, chevalier du Saint Sepulchre à Chaumont en Bassigny. *Rouen, Th. Reinsart* 1601 ; pet. in-12, demi-rel. cuir de R.

Petit volume fort rare. M. Brunet, d'après le catalogue de Guyon de Sardière, indique ce livre comme imprimé à Chaumont.

197. HAYTHON. Liber historiarum partium Orientis, sive passagium Terræ Sanctæ, Haythono authore, scriptus anno Redemptoris MCCC. *Haganoæ, per Johan. Sec. (Secerium)*, 1529; pet. in-4, demi-rel. mar. br.

Première édition.

198. — Historia orientalis Haythoni Armeni : et huic subiectum Marci Pauli Veneti itinerarium. *Helmæstadii*, 1585 ; in-4, vél.

Bonne édition publiée par Reineccius.

199. HEIDMANN ( Chr. ). Palæstina sive Terra Sancta, etc. *Helmæstadii, H. Mullerus*, 1639 ; pet. in-8, demi-rel.

200. — Christ. Heidmanni Palæstina sive Terra Sancta paucis capitibus distincte ordineque ex-

plicata. *Wolferbyti*, 1655; in-4, frontisp. gr. et 4 cartes, demi-rel. mar. bl.

201. HEIDMANN. Chr. Heidmanni Palæstina sive Terra Sancta, nunc correctior Henr. Ernesti adnotationibus edita. *Wolffenbüttelæ*, 1690; in-4, fig. et cartes, vélin.

202. HELFFRICH. Kurtzer und warhafftiger Bericht von der Reyss aus Venedig nach Hierusalem, etc., durch Joh. Helffrich. *Leipzig, Zach. Berwald*, 1589; in-4, fig. sur bois, demi-rel. mar. viol.

203. HENNIKER. Notes during a visit to Egypt, Nubia, the Oasis, Mount Sinai and Jerusalem, by Fred. Henniker. *London*, 1823; in-8, figures, veau vert.

204. HERBERT. Zee-en lant-reyse na verscheyde deelen van Asia en Africa, uyt het Engels overgeset door L. V. Bosch. *Dordrecht, Abrah. Andriesz.*, 1658; in-4 goth. fig. en taille-douce, demi-rel. mar. bl.

205. HERGT. Palæstina beschrieben von C. Hergt. *Weimar*, 1865; pet. in-8, demi-rel. mar. vert.

206. HESE. Itinerarius Joannis de Hese presbyteri a Hierusalem describens dispositiones terrarum, insularum, montium et aquarum, etc. *Impressum Parisiis, per Robertum Gourmont, pro Oliverio Senant, s. a.* (vers 1500); pet. in-4 de 20 ff. caract. ronds (titre en goth.), mar. noir, tranche dorée.

Édition fort rare ; le dernier feuillet est occupé au verso par la curieuse marque de Senant.

207. — Peregrinatio Joa. Hesei ab urbe Hierusalem instituta, et per Indiam, Æthiopiam aliasque quasdam remotas mundi nationes ducta. *Antverpiæ, J. Withagius*, 1565; pet. in-8, cart.

Raccommodage aux deux premiers feuillets.

208. HISTOIRE des Wahabis depuis leur origine jusqu'à la fin de 1809, par L. A. *Paris, Crapelet,* 1810; in-8. demi-rel. n. rog.

209. HITZIG. Geschichte des Volkes Israël von Anbeginn bis zur Eroberung Masada's in Jahre 72 nach Christus, von F. Hitzig. *Leipzig,* 1869; 2 vol. in-8, brochés.

210. JACQUES DE VITRY. Jac. de Vitriaco, etc., libri duo, quorum prior Orientalis sive Hierosolymitanæ, alter Occidentalis historiæ inscribitur. *Duaci, Balt. Bellerus,* 1597; pet. in-8, vél.

211. JAUNA. Histoire générale des Roïaumes de Chypre, de Jérusalem, d'Arménie et d'Egypte, comprenant les croisades et les faits les plus mémorables de l'empire ottoman (par Dominique Jauna). *Leide et Franeker,* 1785; 2 vol. in-4, fig. et cartes, cart. n. rog.

212. JÉRUSALEM et la Terre-Sainte, notes de voyage, recueillies et mises en ordre par l'abbé G. D. *Paris, s. d.;* gr. in-8, figures, demi-rel. mar. r.

213. JOLIFFE. Lettres sur la Palestine, la Syrie et l'Egypte... par T. R. J. (Joliffe), trad. par Aubert de Vitry. *Paris,* 1820; in-8, fig. et carte, demi-rel.

214. — Reis in Palestina, Syrie en Egypte gedaan in het Jaar 1817, door T. R. Joliffe, met vele bijvoegselen... van Rosenmuller. *Amsterdam,* 1822; 2 vol. in-8, fig. et carte demi-rel. mar. bl.

215. — Brieven over Palestina, Syrie en Egypte, of reis in Galilea en Judea door T. R. J. (Joliffe), overgeset naar Aubert de Vitry. *Dordrecht,* 1822; in-8, fig. et carte, demi-rel. mar. br.

216. JOLY. La Géographie sacrée et les monuments d'Histoire sainte, lettres du P. J. R. Joly. *Paris, Jombert,* 1784; in-4, fig. et cartes, cart.

217. JOURNEY (a) from Aleppo to Damascus. An account of the Maronites inhabiting the Mount-Libanus. Also the adventures and tragical end of Mostafa, a Turk. *London*, 1736; in-8, carte, veau marbr.

218. JOUVIN. Le Voyageur d'Europe, où est le voyage de Turquie qui comprend la Terre-Sainte et l'Egypte, par Jouvin de Rochefort. *Paris, R. Pepie*, 1684; in-12, v. br.

219. KERSCHBAUMER. Pilgerbriefe aus dem heiligen Lande von Dr. A. Kerschbaumer. *Wien*, 1863; pet. in-8, demi-rel. mar. br.

220. KiNNEIR. Voyage dans l'Asie Mineure, l'Arménie et le Kourdistan, dans les années 1813 et 1814, par J. M. Kinneir, trad. par N. Perrin. *Paris*, 1818; 2 vol. in-8, carte, demi-rel. v. ant.

221. KIRCHMANN. Commentarii duo hactenus inediti : alter de regibus vetustis norvagicis, alter de profectione Danorum in terram sanctam circa annum 1185 suscepta. *Amstelodami, Jansonio-Waesbergii*, 1684; pet. in-8. demi-rel. maroq. bleu.

222. KORTENS (J.) Reise nach dem weiland gelobten... Lande, wie auch nach Egypten, dem Berg Libanon, Syrien und Mesopotamien. *Halle*, 1751; in-8, fig. bas.

223. KYRIACI Anconitani Itinerarium, nunc primum ex ms. cod. in lucem erutum, ex bibl. Phil. Stosch, recensuit, etc., Laur. Mehus. *Florentiæ*, 1742; pet. in-8, cart.

224. LABAT. Mémoires du chevalier d'Arvieux, contenant ses voyages à Constantinople, dans l'Asie, la Syrie, la Palestine, etc., par le P. J.-B. Labat. *Paris*, 1735; 6 vol. in-12, veau.

225. — Même ouvrage, vol. III-VI, 4 vol. in-12, veau br.

**226.** LA BOULLAYE-LE-GOUZ. Les Voyages et observations du sieur de La Boullaye-le-Gouz, gentil-homme angevin. *Paris, Gervais Clouzier,* 1653; in-4, fig. sur bois, demi-rel. mar. r.

**227.** — De Reyse en optekeningh van den Her Boulaye-le-Gouz, uyt Fransch vertaelt. *Amsterdam, Jac. Benjamijn,* 1660; in-4. goth. fig. en taille-douce, cart.

**228.** LA CROIX. La Turquie crétienne sous la puissante protection de Louis le Grand, protecteur unique du cristianisme en Orient, par de La Croix. *Paris, Herissant,* 1695; in-12, frontisp. v. br.

**229.** LADOIRE. Voyage fait à la Terre-Sainte en l'année 1719, contenant la description de la ville de Jérusalem, avec les mœurs et les costumes des Turcs (par Marcel Ladoire). *Paris, J.-B. Coignard,* 1720; in-12, demi-rel. v. f.

**230.** LA GARDE-JAZIER. Relation de l'expédition de Moka en l'année 1737, sous les ordres de M. de La Garde-Jazier, de Saint-Malo. *Paris, Chaubert,* 1739; pet. in-8, v. f. (*Anc. rel.*)

**231.** LAMBERG. Itinerarium. Wegraysz Kün. May. pottschafft, gen Constantinopel, zu dem Türckischen keiser Soleyman, anno XXV (durch Joseph von Lamberg). *S. l.,* 1531; in-4, 10 gravures sur bois, demi-rel. mar. br.

Volume fort rare. Sous la même couverture : Pronosticon autore M. Alofresant sene ad Christi fidem à Rhodiorum civitate converso ab anno 1425 usque ad annum 1540. *Basileæ, P. Gengenbach,* 1519; 4 ff. fig. sur bois.

**232.** LA MOTTRAYE. Voyages du sieur de La Mottraye en Europe, Asie et Afrique. *La Haye,* 1727; 2 vol. in-fol. fig. v. br.

Les grandes et belles planches ont été gravées en partie par W. Hogarth.

**233.** LAMY. De Tabernaculo fœderis, de sancta civitate Jerusalem et de templo eius, auctore Bern. Lamy. *Parisiis, Delespine,* 1720; gr. in-fol. fig. v. br.

234. LANGLÈS. Voyage de l'Inde à la Mekke, par
Abdoùl-Kérym, favori de Tahmâs - Qouly-Khân,
extrait et trad. de la version anglaise de ses Mémoires, avec notes, etc., par L. Langlès. *Paris,
Crapelet*, 1797; in-18, demi-rel. mar. bl. non
rogné.

235. LA ROQUE. Voyage de l'Arabie heureuse, fait
dans les années 1708-10, avec la relation parti-
culière d'un voyage fait de Moka à la Cour du
Roy d'Yemen, par La Roque. *Paris*, 1715; in-12,
carte, v. br.

236. — Voyage dans la Palestine, vers le grand
Emir, fait par ordre du roi Louis XIV, par M. de
La Roque. *Amsterdam*, 1718; in-12, fig. demi-
rel. mar. vert.

237. — Voyage de Syrie et du Mont–Liban, par de
La Roque. *Paris, Cailleau*, 1722; 2 vol. in-12,
fig. et cart. veau f.

238. — Voyage de Syrie et du Mont-Liban, par M. de
La Roque. *Amsterdam*, 1723; 2 tomes en 1 vol.
in-12. fig. v. br.

239. LAURENT. Peregrinatores medii ævi quatuor.
Burchardus de Monte Sion; Ricoldus de Monte
Crucis; Odoricus de Foro Julii; Wilbrandus de
Oldenborg. Quorum duos nunc primum edidit,
duos ad fidem librorum manuscriptorum recensuit J. C. M. Laurent. *Lipsiæ*, 1864; gr. in-4,
demi-rel. v. bl.

240. LE BLANC. Les Voyages fameux du sieur
Vincent Le Blanc, Marseillois, enrichis de très-
curieuses observations, par P. Bergeron. *Paris*,
1648; in-4, demi-rel. mar. br.

241. — Les Voyages fameux du sieur Vincent
Le Blanc, Marseillois, redigez sur ses Mémoires,
par P. Bergeron. *A Troyes, par Nic. Oudot, et se
vendent à Paris chez Gervais Clouzier*, 1658; in-4,
v. br. (*Aux armes.*)

242. LE BRUN. Reizen van Cornelius de Bruyn door Klein Asia, Ægypten, Syrien en Palestina. *Delft, H. van Krooneveld,* 1698; in-fol. plus de 200 planches. v. marbr.

243. — Cornelis de Bruins Reizen over Moscovie door Persie en Indie. *Amsterdam, voor den Autheur,* 1711; in-fol. 3oo planches en taille-douce, veau br.

244. — Voyage au Levant, par Corneille Le Brun. *Paris, Cavelier,* 1714; in-fol. fig. et cartes, veau brun.

245. — Voyage au Levant, par Corneille Le Bruyn. *Paris, Bauche,* 1725; 5 vol. in-4, fig. v. marbr.
Le cinquième volume contient un extrait du voyage de M. des Mouceaux.

246. LECHEVALIER. Voyage dans la Troade, ou Tableau de la plaine de Troie dans son état actuel, par Lechevalier. *Paris, an VII;* in-8, fig. et cart. basane.

247. LEGRENZI. Il Pellegrino nell'Asia, cioè viaggi del dottor Angelo Legrenzi. *Venetia,* 1705; 2 tom. en 1 vol. pet. in-12, demi-rel.

248. LE SAIGE. Voyage de Jacques Le Saige, de Douai à Rome, Notre-Dame-de-Lorette, Venise, Jérusalem et autres saints lieux. Nouvelle édition, publiée par H.-R. Duthilloeul. *Douai,* 1851; in-4, demi-rel. v. f.

249. LÉTOURVILLE. Jérusalem, notes de voyage, par le comte de Létourville. *Paris,* 1856; in-12, demi-rel. v. viol.

250. LIGHT. Travels in Egypt, Nubia, Holy Land, Mount-Libanon and Cyprus, in the year 1814, by H. Light. *London,* 1818; gr. in-4, fig. demi-rel. mar. br.

251. LITHGOUWS (W.) 19 jaarige Lant-Reyse uyt Schotlant door Europa, Asya en Africa, uyt Engels vertaelt. *Amsterdam, J. Benjamin,* 1652;

pet. in-4, fig. en taille-douce, demi-rel. mar. rouge.

252. LINDEN (Van der). Heerlike ende gelukkige Reyze nae het heylig Land ende stad van Jeruzalem, door Jan van der Linden (1633). *Gend*, 1779; in-4, goth. fig. sur bois, demi-rel. cuir de Russie. (*Défaut à un feuillet.*)

253. LOIR. Voyage du sieur du Loir, contenu en plusieurs lettres écrites du Levant (mis en ordre par Charpentier). *Paris, Fr. Clouzier*, 1654; in-4, vélin.

254. LOTZE. Eine Wallfahrt von Antwerpen nach Jerusalem aus dem Jahre 1517, aus der Handschrift mitgetheilt von H. Lotze. *Leipzig*, 1866; in-4, broch.

255. LUCAS. Voyage du sieur Paul Lucas au Levant. *Paris, Guill. Vandive*, 1704; 2 vol. in-12, fig. v. br.

256. — Voyage du sieur Paul Lucas fait en 1714, etc., par ordre de Louis XIV dans la Turquie, l'Asie, Syrie, Palestine, etc. *Rouen, R. Machuel*, 1728; 3 vol. in-12, fig. veau marbr.

257. LUDOLPHUS DE SUCHEN. De Terra Sancta et itinere Iherosolimitano et de statu eius et aliis mira || bilibus que in mari conspiciuntur videlicet mediterraneo || (auctore Ludolpho de Suchen). *S. l. a. (Argentorati, Eggesteyn)*; in-fol. goth. 34 ff. à 41 lignes par page, cuir de Russie à compart. tr. dorée.

Bel exemplaire, avec initiales peintes, d'un volume rarissime.

258. — Ludolf von Suchen. Reisebuch ins heilige Land, in niederdeutscher Mundart, herausg. von J. G. L. Kosegarten. *Greifswald*, 1861; in-4, demi-rel.

259. LUETZ. Voyage de Gabriel de Luetz, seigneur d'Aramon, à Constantinople, en Perse, en Égypte

et en Palestine. *S. l. n. d.;* in-4, 136 pages, cart.
(*Extrait.*)

**260.** LUSIGNAN. Histoire contenant une sommaire description des généalogies, alliances et gestes de tous les princes et grans seigneurs, qui ont iadis commandé ès royaumes de Hierusalem, Cypre, Armenie et lieux circonvoisins, par le R. P. Estienne de Lusignan. *Paris, Guill. Chaudière,* 1579; in-4, veau marbr. tr. dor. (*Aux armes de Caumartin.*)

Dans le même volume: Les rois et ducs d'Austrasie de N. Clément, traduits en françois par François Guibaudet, Dijonnois. *Coulogne,* 1591. (Avec portraits gravés par Woïeriot.) — Discours des choses advenues en Lorraine depuis le decez du duc Nicolas jusques a celui du duc René, par N. Remy. *Pont-à-Mousson, M. Bernard,* 1605, frontisp. gr. et portrait.

**261.** LUSSY. Reissbuch gen Hierusalem, welchermassen... Melchior Lussy, Landamman zu Unterwalden... in das heilige Land Palestina gezogen ist. *Freyburg in Uchtland, A. Gemperlin,* 1590; pet. in-4, demi-rel. mar. n.

Fort rare. Raccommodages dans les marges de quelques feuillets.

**262.** MAKRIZI (Al.). Historia monetæ arabicæ, e codice Escorialensi nunc primum edita, versa et illustrata ab Olao Gerhardo Tychsen. *Rostochii,* 1797; pet. in-8, broch.

**263.** — Taki-Eddini Makrizii historia Coptorum christianorum arabice edita et in linguam latinam translata ab H. J. Wetzer. *Solisbaci,* 1828; in-8, broch.

**264.** MANDELSLOO. Johann Albrecht von Mandelsloo Morgenlendische Reisebeschreibung, herausg. von A. Olearius. *Schleswig, J. Holwein,* 1668. — Orientalische Reise - Beschreibunge Jürgen Andersen auss Schleswig (1644-50) und Volquard Iversen aus Holstein (1655-68). *Schleswig,* 1669; 1 vol. in-fol. fig. et cartes, demi-rel. mar. br.

**265.** MANDEVILLE. De wonderlyke Reize van Jan Mandevyl, etc. *Amsterdam, erwen der Weduwe* *van Egmont... By consens van het hof gegeeven tot Brussel M. D. ende L* (1550); in-4, goth. à 2 col. demi-rel. mar. vert, non rogné ni coupé.

266. MANDEVILLE. The Voiage and travaile of Sir John Maundeville, with an introduction, additional notes and glossary by J. O. Halliwell. *London*, 1839; in-8, fig. cart. en toile, n. rog.

267. MANTEGAZZA. Relatione tripartita del viaggio di Gierusalemme, descritta da Fra Stef. Mantegazza. *Milano*, 1616; in-4, demi-rel. mar. bl.

268. MARITI. Viaggi per l'isola di Cipro e per la Soria e Palestina fatti da Giov. Mariti Fiorentino dall' anno 1760 al 1768. *Lucca e Firenze*, 1769-76; 9 vol. in-8, demi-rel. mar. brun.

269. — Viaggio da Gierusalemme per le coste de la Soria. *Livorno*, 1787; 2 vol. pet. in-8, demi-rel. mar. r.

270. — Voyages dans l'isle de Chypre, la Syrie et la Palestine. *Neuwied, Société typogr.*, 1791; 2 vol. in-12, veau rac.

271. — Histoire de l'état présent de Jérusalem, par l'abbé Mariti, publ. par le R. P. Laorty Hadji. *Paris*, 1853 ; in-4, demi-rel. veau r.

272. MASII (H.-G.) Exercitatio de uxore Lothi in statuam salis conversa. *Hafniæ*, 1720. — WESTMAN. De statua salina uxoris Lothi, scr. Olaus Ol. Westman. *Upsaliæ*, 1763; 1 vol. in-4, demi-rel. mar. viol.

273. MAUNDRELL. Reize van Aleppo naar Jerusalem int jaar 1698, door H. Maundrell, uit het Engelsch door G. Muntendam. *Utrecht*, 1701; in-4, fig. demi-rel. mar. r.

274. — Voyage d'Alep à Jérusalem à Pâques en l'année 1697, par H. Maundrell. *Utrecht*, 1705; in-12, fig. v. br.

275. MAUNDRELL. A Journey from Aleppo to Jerusalem at Easter a. d. 1697, by H. Maundrell. *Oxford, Bowyer,* 1707; in-8, fig. veau br.
Seconde édition.

276. — M. H. Maundrell Reise-Beschreibung nach dem gelobten Lande, mit einer zweiten Reise von Venedig auf Jerusalem. *Hamburg,* 1737; in-8, fig. cart.

277. — A Journey from Aleppo to Jerusalem, by Henry Maundrell. Also a journal from Grand Cairo to Mount Sinai and back again, by Rob. Clayton. *London,* 1810; gr. in-8, figures, veau f. (*Simier.*)

278. MAYER (J. H.). Schicksale eines Schweizers (J. H. Mayer) während seiner Reise nach Jerusalem und dem Libanon. *St-Gallen,* 1815; 3 tomes en 1 vol. pet. in-8, fig. demi-rel. non rog.

279. — Lotgevallen van een Zwitzer op zijne reize naar Jerusalem en den Libanon. *Haarlem,* 1816-17; 2 vol. in-8, fig. demi-rel.

280. MAYER (Ph.). Erinnerungen aus Jerusalem und Palæstina, von Phil. Mayer. *München,* 1858; pet. in-8, demi-rel. mar. br.

281. MEGGEN. Jodoci a Meggen, Patricii Lucerini, peregrinatio hierosolymitana. *Dilingæ,* 1580; pet. in-8, cart.
Incomplet du titre.

282. MERGENTHAL. Gründliche und warhafftige Beschreibung der... Reise und Meerfart in das heilige Land nach Hierusalem des... Hern Albrechten von Sachsen, durch Hansen von Mergenthal. *Leipzig,* 1586; in-4, demi-rel. mar. r.

283. MICHAELIS. Recueil de questions proposées à une société de savans qui par ordre de S. M. Danoise font le voyage de l'Arabie, par M. Michaelis. *Francfort,* 1763; pet. in-8, bas.

**284.** MICHAUD et POUJOULAT. Correspondance d'Orient, 1830-1831, par Michaud et Poujoulat. *Paris*, 1833-36; 7 vol. in-8, demi-rel. veau f.

**285.** MINADOI. Historia della guerra fra Turchi et Persiani, di G. Thom. Minadoi da Rouigo. *Venetia*, 1594; in-4, carte, demi-rel. mar. rouge.

**286.** MIOT. Mémoires pour servir à l'histoire des expéditions en Égypte et en Syrie, pendant les années VI-VIII, par J. Miot. *Paris*, 1804; in-8, frontisp. bas. marb.

**287.** MIRIKE (H.). Reise von Konstantinopel nach Jerusalem und dem Lande Kanaan, mit Anmerkungen von J. H. Reiz. Nebst einem Fragment der von P. Fuesslin aus Zurich in J. 1523 gethanen Pilgerreise. *Augsburg*, 1789; pet. in-8, demi-rel. mar. br.

**288.** MOCQUET. Voyages en Afrique, Asie, Indes orientales et occidentales, faits par Jean Mocquet. *Paris, Heuqueville*, 1617; pet. in-8, fig. veau ant.

**289.** — Voyages en Afrique, Asie, Indes orientales et occidentales, faits par Jean Mocquet. *Rouen, Cailloué*, 1645; in-8, demi-rel. mar. br.

Exemplaire incomplet des planches et taché.

**290.** MONCONYS. Journal du voyage de M. de Monconys, publ. par le sieur de Liergues, son fils. *Lyon*, 1665-66; 3 vol. in-4, figures, veau br.

**291.** — Les Voyages de M. de Monconys en Syrie et en Anatolie. Seconde partie. *Paris, P. Delaulne*, 1695; in-12, demi-rel. mar. br.

Contient le voyage de Syrie.

**292.** — Des Hern de Monconys Beschreibung seiner in Asien und das gelobte Land, nach Portugall, Spanien, etc., gethanen Reisen, übers. von Chr. Juncker. *Leipzig*, 1697; in-4, fig. vél.

**293.** MORDTMANN. Belagerung und Eroberung Constantinopels durch die Türken im Jahre

1453, von A. D. Mordtmann. *Stuttgart*, 1858; in-8, plan, demi-rel. mar. br.

294. MORISON. Relation historique d'un voyage nouvellement fait au mont de Sinaï et à Jérusalem, par le sieur A. Morison. *Toul, A. Laurent,* 1704; in-4, fig. et cartes, veau br.

295. MYLLER. Peregrinus in Jerusalem, oder aussführliche Reiss-Beschreibungen des P. Angelicus Maria Myller. *Wien und Nürnberg,* 1735; in-4, fig. et cartes, plus de 1000 pages, peau de truie, fermoirs.

296. NAU. Voyage nouveau de la Terre Sainte (par le Père Nau). *Paris, Pralard,* 1679; in-12, veau.

297. — Voyage nouveau de la Terre Sainte (par le Père Nau). 2e édition. *Paris,* 1702; in-12, veau marbr. (*Le titre manque.*)

298. NEITSCHITZ. Sieben-jährige und gefährliche Neu-verbesserte Europæ-Asiat- und Africanische Welt-Beschauung des G. Christ. von Neitzschitz, sammt einem Register von Chr. Jägern. *Nürnberg, Hoffmann,* 1674; in-4, fig. demi-rel. mar. bleu.

299. NEUBAUER. Zwei Briefe Obadjah's aus Bartenuro aus den Jahren 5248 und 5249, und ein anonymer Reisebrief von Jahre 1495, übersetzt von A. Neubauer. *Leipzig,* 1863; in-8, demi-rel. mar. viol.

300. NIEBUHR. Description de l'Arabie, faite sur des observations propres et des avis recueillis dans les lieux mêmes, par Carsten Niebuhr. *Amsterdam et Utrecht,* 1773; 1 vol. — Voyage en Arabie et autres lieux circonvoisins. *Amsterd. et Utrecht,* 1776; 2 vol. — Recueil de questions proposées à une société de savans, qui par ordre de S. M. Danoise, font le voyage de l'Arabie, par

M. Michaelis. *Amst.*, 1774; 1 vol. —Ensemble
4 vol. in-4, figures et cartes, veau éc. fil.

Très-bel exemplaire de la collection complète.

301. NOACK. Von Eden nach Golgatha, biblisch-
geschichtliche Forschungen von L. Noack. *Leipzig*, 1868; 2 vol. in-8, carte, demi-rel. mar. br.

302. NOÉ. Viaggio da Venetia al santo Sepolcro et
al monte Sinai, composto dal R. P. F. Noé. *Venetia, Miloco*, 1676; pet. in-8, nombreuses gravures
sur bois, demi-rel. veau f.

303. NOELDEKE. Ueber die Amalekiter und einige
Nachbarvölker der Israeliten, von Th. Nöldeke.
*Göttingen*, 1864 ; in-8, demi-rel. veau ant.

304. NOMENCLATURE des tribus arabes qui cam-
pent entre l'Égypte et la Palestine. In-8, demi-rel.
(*Extrait.*)

305. NOROFF. Meine Reise nach Palæstina, von
Abr. von Noroff, aus dem Russischen von A. Zen-
ker. *Leipzig*, 1862 ; 2 vol. pet. in-8, portrait et
plan, demi-rel. mar. bleu.

306. NOTES d'un voyage fait dans le Levant en
1816 et 1817. *Paris, Didot, s. d.*; in-8, cart.
n. rogn.

307. ODORICUS. Inchominccia lastoria di frati
odorico. Ani domini M ccc xviij, Jo frate odori-
cho da friolli delordine de frati minori dela pro-
vincia di padova partimi dela deta prouincia zuani
ī Chostantinopoli, etc. 25 feuillets.—Inchominccia lastoria di tra monacci chandaro nel paradiso
terestro (terre sainte), etc. 8 feuillets. In-4, rel. en
velours.

Précieux manuscrit d'une belle écriture de la première moitié du xive siècle,
sur papier très-fort. C'est la description du long voyage que le frère Odoricus
faisait au commencement du xive siècle dans l'Inde.

308. — Peregrinatio fratris Udalrici trans mare ma-
gnum. Visio sancti Brandonis. In-folio, cart.

Beau manuscrit sur papier, du commencement du xve siècle. Le premier
ouvrage est une traduction latine du voyage d'Odoricus.

309. OLIVE. Nueva Descripcion de la Tierra Santa,
formada segun el itinerario del viaje ejecutado
en 1806 por J. A. de Chateaubriand, por P. M. de
Olive. *Madrid,* 1828; 2 vol. pet. in-8, bas.

310. OSBORN. Palestine, past and present, with
biblical, litterary and scientific notices, by Rev.
Henry S. Osborn. *London,* 1859; gr. in-8, fig.
cart. en toile, non rogn.

311. PACIFIQUE. Relation du voyage de Perse faict
par le R. P. Pacifique de Prouins, prédicateur ca-
pucin, où vous verrez les remarques particulières de la Terre Saincte, etc. *Paris, de la Coste,*
1631; in-4, demi-rel. mar. bl.

312. — Relation du voyage de Perse faict par le
R. P. Pacifique de Prouins, où vous verrez les remarques particulières de la Terre Saincte, etc.
*Lille, P. de Rache,* 1632; pet. in-8, demi-rel.
mar. br.

313. PADIOLEAU. De l'Antiquité, fondation, no-
mination, splendeur, ruyne et estat présent de la
ville de Jerusalem, par Albert Padioleau sieur de
Launay. *Nantes, Hilaire Mauclerc,* 1635; pet.
in-4, mar. brun.

Bel exemplaire d'un ouvrage important et fort rare.

314. PAGÈS. Voyages autour du monde et vers les
deux pôles, par terre et par mer, pendant les années 1767-71, 1773-74 et 1776, par M. de Pagès.
*Paris, Moutard,* 1782; 2 vol. in-8, fig. et cartes,
veau marbr.

315. PALERNE. Peregrinations du S. J. Palerne,
Foresien, où est traicté de plusieurs singularités
et antiquités remarquées ès provinces d'Egypte,
Terre Saincte, etc. *Lyon, J. Pillehotte,* 1626;
in-12, vél.

Volume fort rare ; les pages 215 à 240 sont en partie enlevées.

316. PARDIEU. Excursion en Orient, par le comte Ch. de Pardieu. *Paris*, 1851; in-12, demi-rel. veau f.

317. PÈLERIN (le Pieux), ou Voyage de Jérusalem. Joinct un discours de l'Alcoran et un traicté de la cité de Jérusalem. *Brusselles, Foppens*, 1666; in-4, 1 planche, bas.

318. PÈLERIN (le Véritable) de la Terre Saincte. *Paris, L. Feburier*, 1625; in-4, figures en taille-douce, vél.

Volume fort rare ; un des feuillets préliminaires manque à cet exemplaire.

319. PETERMANN. Reisen im Orient, von H. Petermann. *Leipzig*, 1860-61; 2 vol. in-8, carte, demi-rel. mar. vert.

320. PHILIPPE DE LA SAINTE-TRINITÉ. Itinerarium Orientale R. P. F. Philippi a Ssa. Trinitate. *Lugduni, A. Jullieron*, 1649; in-8, demi-rel. mar. brun.

Édition originale.

321. — Voyage d'Orient du R. P. Philippe de la très-saincte Trinité, carme déchaussé, où il décrit les divers succez de son voyage, plusieurs régions d'Orient, etc.; composé, reueu et augmenté par luy-mesme et traduit du latin par un religieux du mesme ordre (Pierre de S.-André). *Lyon, A. Jullieron*, 1652; pet. in-8, demi-rel.

Première édition en français.

322. — Viaggi Orientali del P. Filippo della Ss. Trinità. *Venetia, Brigonci*, 1667 ; in-12, vél.

323. — Voyage d'Orient du R. P. Philippe de la très-saincte Trinité. *Lyon, A. Jullieron*, 1669; in-8, veau br.

324. — Viaggi Orientali del P. Filippo della Ss. Trinità. *Venetia, Brigonci*, 1670; in-12, veau rac.

325. PICARD DE S.-ADON. Histoire suivie des voyages de Jésus-Christ, par Picard de S.-Adon.

*Paris, J. de la Roche,* 1740; in-12, front. veau marbré.

326. PII II Pont M. Asiæ Europæque elegantiss. descriptio, complectens maxime quæ sub Frederico III apud Europæos Christiani cum Turcis, Prutenis, Soldano, etc., commiserunt. *S. l.,* 1531; pet. in-8, peau de tr. ferm.

327. — La Discrittione de l'Asia et Europa di Papa Pio II, e le cose memorabili fatte in quelle, trad. da Fausto di Longiano. *Vinegia, appresso Vincenzo Vaugris,* 1544; pet. in-8, demi-rel. mar. r.

328. PLAISTED et ELIOT. Itinéraire de l'Arabie Déserte, ou Lettres sur un voyage fait en 1750 par Plaisted et Eliot. *Londres et Paris, Duchesne,* 1759; in-12, demi-rel.

329. PLESCHTSCHJEEW. Tagebuch einer Reise des Herrn Sergjei Pleschtschjeew von der Insel Paros nach Syrien und Palæstina, aus dem Russischen von C. G. A. *Riga,* 1774; pet. in-8, demi-rel.

330. POCKOCKE. Travels in the East and some other countries, by Rich. Pockocke. *London,* 1743-45; 3 vol. in-fol. flg. veau f. (*Anc. rel.*)
Bel exemplaire en grand papier.

331. — Voyage de Richard Pockocke en Orient, trad. de l'anglois. *Paris, Costard,* 1772-73; 7 vol. in-12, veau marbr.

332. POSTEL. Description et charte de la Terre Saincte.... paincte et descripte par Guillaume Postel depuis l'havoir et par livres et par expérience veue. (*Paris,* 1553); in-16, cart.
C'est la seconde partie de l'ouvrage de Louis Miré, intitulé la Vie de Jésus-Christ. (Brunet III, 1747).

333. — De la Republique des Turcs : et là ou l'occasion s'offrera, des mœurs et loys de tous Muhamedistes, par Guill. Postel, Cosmopolite. *Paris, Enguibert de Marnef,* 1560; 3 part. en 1 vol. pet. in-4, veau gr.

334. POUJOULAT. Voyage dans l'Asie-Mineure, en Mésopotamie, à Palmyre, en Syrie, en Palestine et en Egypte, par B. Poujoulat. *Paris*, 1840-41; 2 vol. in-8, demi-rel. mar. v.

335. — Récits et souvenirs d'un voyage en Orient, par B. Poujoulat. *Tours, Mame*, 1848; in-12, fig. demi-rel. mar. viol.

336. — La Vérité sur la Syrie et l'expédition française, par B. Poujoulat. *Paris*, 1861; in-8, demi-rel. mar. bl.

337. POULLET. Nouvelles Relations du Levant, qui contiennent plusieurs remarques fort curieuses non encore observées, touchant la religion, les mœurs et la politique de divers peuples, par M. P. A. (Poullet). *Paris, L. Billaine*, 1667; in-12, figures et carte, veau ant.

338. PRAROND. De Montréal à Jérusalem, par E. Prarond. *Paris*, 1869; in-12, broch.

339. PTOLEMÆUS. — Theatrum geographiæ veteris. Ptolemæi geographiæ libri VIII, græce et latine, correcta opera P. Bertii. Tabularum ptolemaicarum delineatio, has vero tabulas descripsit Gerardus Mercator. *Lugduni Batav., typis Is. Elzevirii sumptibus Jud. Hondii*, 1618; 2 part. en 1 vol. gr. in-fol. cartes grav. en taille-douce, vélin.

Exemplaire parfaitement complet.

340. — Geographia, latine reddita, correcta a Marco Beneventano et Joanne Costa. *Romæ, Evangelista Tosinus*, 1508; gr. in-fol. demi-rel.

Exemplaire conforme à la description de MM. Brunet et Harrisse (Biblioth. Amer. Vetustissima, p. 105 et suiv.). Les cartes, gravées sur cuivre, ont figuré en partie déjà dans le Ptolémée de Buckinck, mais on en a ajouté d'autres à cette édition, dont la dernière, d'après Ruysch, contient la grande mappemonde, la première où l'on trouve des détails consciencieux sur l'AMÉRIQUE.

Raccommodages dans les marges blanches d'un certain nombre de feuillets, et au fond des dernières cartes.

341. PTOLEMÆUS. Geographiæ liber, cum tabulis
et universali figura. *Venetiis, per Jacobum Pen-
tium de Leucho*, 1511 ; gr. in-folio, rel. en bois.

Bel exemplaire, ayant du reste au commencement quelques petites piqûres; il contient les deux mappemondes, dont la seconde représente l'Amérique.

342. — Claudii Ptolemæi geographicæ enarrationis
libri octo Bilibaldo Pirkeymero interprete. *Argentorati , Joannes Grienengerus , 1525*; in-fol.
avec 50 cartes grav. en bois, cart.

Édition rare. *Bibliotheca americana vetustissima*, page 253, et *Additions*,
page 90. Légère mouillure dans la marge du bois.

343. — Geographiæ enarrationis libri octo ex Bili-
baldi Pirckheymeri translatione a Mich. Villano-
vano (Serveto) recogniti. *Lugduni, Hugo a Prato,
excudebat Gaspar Trechsel Viennæ*, 1541; in-
fol. cartes et bordures grav. en bois, cart.

« Édition magnifique et en même temps d'une rareté extrême. » (*Bibliotheca americana vetuttissima*, p. 378-79). Bel exemplaire.

344. — Geographiæ universæ tum veteris tum novæ
absolutissimum opus, cum commentariis et addi-
tionibus Jo. Ant. Magnini. *Coloniæ, P. Keschedt*,
1597 ; 2 tomes en 1 vol. in-4, cartes grav. en
taille-douce, demi-rel.

345. PUGET DE S.-PIERRE. Histoire des Druses,
peuple du Liban, formé par une colonie de François, avec des notes, par Puget de S.-Pierre. *Paris, Caillau*, 1762 ; in-12, fig. veau marbr.

346. RADZIVIL. Ierosolymitana Peregrinatio Nic.
Christ. Radzivili, primum a Th. Tretero ex polo-
nico sermone in latinum translata. *Antverpiæ, ex
officina Plantiniana J. Moreti*, 1614; in-fol. peau
de truie.

347. RAMUSIO. Delle Navigationi et viaggi raccolte
da M. Gio. Battista Ramusio, in tre volumini di-
vise : nelle quali con relatione fedelissima si des-

criuono tutti quei paesi, che da già 3oo anni sono stati scoperti. *Venetia, appresso i Giunti, I*er* vol.*, 1613. *II*e* vol.* 1583. *III*e* vol.* 16o6; 3 vol. in-fol. fig. et cartes, parch.

Tous les volumes sont de bonne date ; le premier est un peu mouillé.

348. RAUMER. Palæstina, von Karl von Raumer. *Leipzig*, 185o; in-8, fig. et carte, demi-rel. mar. noir.

349. RAUWOLF. Beschreibung der Reyss Leonhardi Rauwolffen... so er in die Morgenlaender... selbst vollbracht. *Franckfurt am Mayn, Chr. Rabe*, 1582; 3 part. en 1 vol. in-4, demi-rel. mar. rouge.

35o. — Leonarti Rauwolfen aigentliche Beschreibung der Rayss, so er in die Morgenlaender..... volbracht. *Getruckt zu Laugingen, durch Leonhart Reinmichel*, 1583; in-4, vél.

Cette édition est augmentée d'une quatrième partie, qui contient la représentation de différentes plantes médicinales observées par l'auteur en Orient.

351. REGNAULT. Discours du voyage d'outre-mer, au sainct sepulcre de Jerusalem et autres lieux de la Terre Saincte, par Anthoine Regnault, bourgeois de Paris. *Imprimé à Lyon aux despens de l'Autheur*, 1573; in-4, fig. sur bois, demi-rel. mar. br.

Exemplaire avec les planches pliées. Quelques mouillures et taches.

352. REISSNER. Jerusalem, die alte Haubdstat der Juden, wie sie vor der zerstörung auff hohem gebirg, als das irdische Paradysz war, durch Ad. Reissner. *Franckfurt*, 1563; 2 tomes en 1 vol. in-fol. nombreuses gravures sur bois, demi-rel. mar. br.

353. — Jerusalem, vetustissima illa et celeberrima totius mundi civitas, e sacris literis ex approbatis historicis ad unguem descripta, Adamus Reisnerus germanica lingua edidit, nunc autem latine

omnia perscripta per Joh. Heydenum. *Franco-furti,* 1563 ; in-fol. fig. en bois, v. f. (*Première reliure.*)

354. RELATION de la victoire obtenue par les armes de Venise, sous le commandement de J. de Riva, contre l'armée Turquesque, en Asie, au Port de Foquie. *Paris, A. Estiene,* 1649; pet. in-4, 8 pages, demi-rel.

355. — de l'expédition de Syrie, de la bataille d'Aboukir et de la reprise du fort de ce nom. *Paris, Gratiot* (1799); in-8, cart. n. rog.

356. — nouvelle et exacte d'un voyage de la Terre-Sainte, ou Description de l'état présent des lieux où se sont passées les principales actions de la vie de Jésus-Christ. *Paris, A. Dezallier,* 1688; petit in-8, v. br.

Attribué à Pierre de la Vergne de Tressan.

357. RELAND. Antiquitates sacræ veterum Hebræo-rum, delineatæ ab Hadr. Relando. *Lipsiæ,* 1715; pct. in-8, fr. gr. vél.

358. — Antiquitates sacræ veterum Hebræorum breviter delineatæ ab Hadr. Relando. *Trajecti ad Rhenum,* 1741; in-4, demi-rel. mar. bl. non rogné.

359. REYSBUCH des heyligen Landes, das ist ein grundtliche Beschreibung aller und jeder Bilger-fahrten zum heyligen Lande. *Franckfurt, Feyera-bendt,* 1584; in-fol. fig. sur bois, peau de truie.

Ce volume contient 18 relations de voyages en Palestine.

360. — Reysbuch, etc. *Francfort,* 1609; 2 tomes en 1 vol. in-fol. vél.

Édition augmentée des relations des voyages de Schweiger, Radziwill et Zuallart.

361. RHEINFELDEN (Ignat. von). New Jerosolymi-tanische Pilger-Fahrt, oder kurtze Beschreibung des gelobten Heiligen Lands.... durch Ignatium

von Rheinfelden. *Würtzburg*, 1667; in-4, figures, cart.

362. RICHE. Voyage aux ruines de Babylone, par J.-C. Riche. *Paris, Didot*, 1818; 6 planches. — Courte notice sur les Arabes et la secte des Wéhabis, par Auguste A. de N. (Corancèz). *Paris*, 1818. — Histoire des Wéhabis depuis leur origine jusqu'à la fin de 1809, par L. A. *Paris*, 1810; 1 vol. in-8, bas. rac.

363. RICHTER (O. F. von). Wallfharten im Morgenlande, herausg. von J. Ph. G. Ewers. *Berlin, und Dorpat*, 1822; in-8, pap. fin, cart. (Sans l'atlas.)

364. RITTER. Vergleichende Erdkunde der Sinai-Halbinsel, von Palæstina und Syrien, von Carl Ritter. *Berlin*, 1848-55; 6 vol. in-8, demi–rel. mar. noir.

365. — Vergleichende Erdkunde, etc. Dritter Band, Judaea, Samaria, Galilaea. *Berlin*, 1852; in-8, plan de Jérusalem et carte, demi-rel. (*Envoi autogr. de l'auteur à M. de S.*)

366. — Ein Blick auf Palæstina und seine christliche Bevölkerung, von C. Ritter. *Berlin*, 1852; in-8, demi-rel. mar. r.

367. ROBERTUS MONACHUS. Historia di Roberto Monaco della guerra fatta da principi christiani contra Saracini per l'acquisto di Terra Santa, tradotta per Franc. Baldelli. *Fiorenza*, 1552; in-8, cart.

Édition rarissime, d'après Haym.

368. ROBINSON (E.). Neue Untersuchungen über die Topographie Jerusalems, von Ed. Robinson. *Halle*, 1847; in-8, demi-rel. mar. bl.

369. ROBINSON (G.). Voyage en Palestine et en Syrie, par M. George Robinson. *Paris*, 1838; 2 vol. in-8, fig. et cartes, demi-rel.

370. ROCCHETTA. Peregrinatione di Terra-Santa e d'altre provincie di Don Aquilante Rocchetta. *Palermo, Alf. dell'Isola*, 1630; in-4, fig. et portrait, demi-rel. mar. r.

371. ROGER. La Terre Saincte, ou Description topographique très-particulière des saincts lieux et de la Terre de Promission, par F. Eug. Roger. *Paris, A. Bertier*, 1646; in-4, carte, parch.

372. — La Terre Saincte, ou Description topographique très-particulière des saincts lieux et de la Terre de Promission. *Paris, A. Bertier,* 1646; in-4, fig. demi-rel. mar. br.

Bel exemplaire EN GRAND PAPIER, hauteur plus de 30 centimètres.

373. — La Terre Saincte, ou Description topographique très-particulière des saincts lieux, par F. Eug. Roger. *Paris, Ant. Bertier,* 1664; in-4, fig. v. f. (*Anc. rel.*)

374. ROOKE. Voyages sur les côtes de l'Arabie Heureuse, sur la Mer Rouge et en Egypte, par H. Rooke. *Paris*, 1788; in-8, cart.

375. ROSACCIO. Viaggio da Venetia a Constantinopoli per mare e per terra, e insieme quello di Terra Sancta, da Gios. Rosaccio descritto. *Venetia, Giac. Franco,* 1606; in-4, obl., fig. en taille-douce, vél.

Bel exemplaire Erdeven.

376. ROSMITAL. Itineris a Leone de Rosmital nobili Bohemo annis 1465-67 confecti, commentarii coævi duo. *Stuttgart,* 1844; in-8, demi-rel. veau fauve.

Tiré à petit nombre.

377. SAALSCHÜTZ. Archæologie der Hebræer, von J. L. Saalschütz. *Königsberg*, 1855; in-8, figures, demi-rel. v. f. (1ᵉʳ vol.)

378. SAEWULF. Relation des voyages de Sæwulf à Jérusalem et en Terre-Sainte pendant les années

1102 et 1103, publiée pour la première fois d'après un manuscrit de Cambridge. *Paris,* 1839; in-4, demi-rel. mar. br.

379. SAINT-GENOIS. Les Voyageurs belges du xiii<sup>e</sup> au xix<sup>e</sup> siècle, par J. de Saint-Genois. *Bruxelles,* 1846; 2 tomes en 1 vol. in-12, fig. demi-rel. mar. rouge.

380. — Voyages faits en Terre-Sainte par Thetmar, en 1217, et par Burchar de Strasbourg, en 1175, 1189 ou 1225, par J. de Saint-Genois. *Bruxelles, s. d.;* gr. in-4, demi-rel. mar. br.

Extrait du tome XV des Mémoires de l'Acad. R. de Belgique.

381. SAINTE-MAURE. Nouveau Voyage de Grèce, d'Egypte, de Palestine, d'Italie, de Suisse, d'Alsace et des Pais-Bas, fait en 1721-23 (par Charles de Sainte-Maure). *La Haye,* 1724; in-12, veau br.

382. SANDERSON. Seer gedenckwaerdige voyagien van J. Sanderson, H. Timberley, en J. Smith, door Europa, Asia en America, nevens een pertinente Beschrijvinge van 'tHeylige Landt en Jerusalem. *Amsterdam, J. van Dyck,* 1678; pet. in-4, fig. demi-rel. mar. r.

383. SANDYS voyagien, neffens een beschrijvinge van het H. Landt, etc. Uyt 't Engels vertaalt door J. G. *Amsterdam, J. Benjamin,* 1653; in-4, goth. figures en taille-douce, vél.

384. — Sandys travels, containing an history of the Turkish Empire, a description of the Holy Land, etc. *London, Willians Junior,* 1673; in-fol. fig. veau.

385. SANSON. L'Asie, l'Afrique, l'Amérique en plusieurs cartes nouvelles et exactes, et en divers traités de géographie et d'histoire, par Sanson d'Abbeville. *Paris, chez l'autheur,* 1652-57; 3 vol. in-4, cartes, vél.

386. SAUMERY. Mémoires et avantures secrètes et curieuses d'un voyage du Levant, par de Sau-

mery. *Liége, E. Kints*, 1732; 4 vol. in-12, v. f. (*Anc.ᵉʳel.*)

387. SAVINIEN D'ALIQUIÉ. Le Voyage de Galilée (par Savinien d'Aliquié). *Paris, Florentin Lambert,* 1670; in-12, v. br.

388. SCHACHTII (J. H.) Animadversiones ad antiquitates Hebræas. *Trajecti ad Rh.*, 1810; in-8, demi-rel.

389. SCHEIDT. Kurtze und warhafftige Beschreibung der Reise von Erffurdt aus Thüringen nach dem gewesenen gelobten Lande und der heiligen Stadt Jerusalem.... verfertiget durch Hieron. Scheidt. *Erffurdt, Jacob Singe,* 1627; in-4, portrait et grande planche grav. en bois, demi-rel. mar. brun.

390. — Kurtze und warhafftige Reise-Beschreibung, der Reisz von Erffurt nach dem gewesenen gelobten Lande und der Heil. Stadt Jerusalem. *Helmstadt,* 1678; in-4, portr. et fig. demi-rel. mar. viol.

391. SCHERER. Eine Oster-Reise ins heilige Land, von H. Scherer. *Frankfurt,* 1860; in-8, demi-rel. mar. viol.

392. SCHICKARD. Jus regium Hebræorum e tenebris rabbinicis erutum et luci donatum a W. Schickardo. *Argentinæ, Zetzner,* 1625; in-4, vélin.

393. SCHIFERLE. Zweite Pilgerreise nach Jerusalem und Rom. *Augsburg,* 1858; in-8, les 3 premiers cahiers, broch.

394. SCHLEIDEN. Die Landenge von Suês, zur Beurtheilung des Canalprojects und des Auszugs der Israeliten aus Ægypten, von M. J. Schleiden. *Leipzig,* 1858; in-8, carte et 6 pl., demi-rel. mar. br.

395. SCHMID. Dess in das gantze Gelobt und Heilige Land zwey mal verreiseten Pilgrims Balth. Schmids Reis-Beschreibung, herausg. von Magnus Schleyr. *Ulm*, 1723; pet. in-8, fig. demi-rel.

396. SCHOLZ. Reise in die Gegend zwischen Alexandrien und Parätonium, die libysche Wüste, Siwa, Egypten, Palæstina und Syrien, 1821-22, von J. M. A. Scholz. *Leipzig*, 1832; in-8, veau ant.

397. SCHUBER. Meine Pilgerreise über Rom, Griechenland und Egypten durch die Wüste nach Jerusalem und zurück, 1847-48, von Maria Schuber. *Gratz*, 1850; in-8, demi-rel. mar. noir.

398. SCHWEIGGER. Ein newe Reyszbeschreibung ausz Teutschland nach Constantinopel und Jerusalem, etc., durch Salomon Schweigger. *Nürnberg*, 1608; in-4, grand nombre de gravures sur bois, demi-rel. mar. bleu.

Première édition.

399. — Ein newe Reyszbeschreibung aus Teutschland nach Constantinopel und Jerusalem.... durch Salom. Schweigger. *Nürnberg, Katharina Lantzenberger*, 1613; in-4, fig. sur bois, v. br.

400. — Ein newe Reiszbeschreibung ausz Teutschland nach Constantinopel und Jerusalem, durch Salom. Schweigger. *Nürnberg*, 1639; in-4, fig. sur bois, demi-rel. mar. br.

Portrait de l'auteur, gravé en 1608, ajouté.

401. SEETZEN (U. J.). Reisen durch Syrien, Palæstina, Phœnicien, die Transjordan-Länder, Arabia Petræa und Unter-Egypten, herausg. von Fr. Kruse. *Berlin*, 1854-59; 4 vol. in-8, cartes, demi-rel. v. f.

402. SEPP. Jerusalem und das Heilige Land. Pilgerbuch nach Palästina, Syrien und Egypten, von Dr. Sepp. *Schaffhausen*, 1863; 2 vol. in-8, fig. demi-rel. mar. bl.

403. SESSE. Libro de la cosmographia universal del mundo, y particular descripcion de la Syria y Tierra Santa, par Josepe de Sesse. *Çaragoça, J. de Larumbe,* 1619; in-4, demi-rel. mar. br.

404. SEYDLITZ. Gründtliche Beschreibung der Wallfart nach dem heiligen Lande, neben vermeldung der jemmerlichen Gefengnuss, etc., gestellet durch Melchior von Seydlitz. *Görlitz, A. Frisch,* 1580; pet. in-4, fig. sur bois au titre, demi-rel. mar. br.

405. — Ongeluckige Jerusalemsche Reyse, in Hoogduits beschreven door den E. Heern van Seydlitz..., door P. v. Aengelen vertaelt. *Amsterdam, Doornick,* 1663; in-4, goth. fig. demi-rel. mar. violet.

406. SHAW. Travels or Observations relating to several parts of Barbary and the Levant, by Th. Shaw. *Oxford,* 1738; in-fol. fig. et cartes, veau.

407. — Voyages de M. Shaw dans plusieurs provinces de la Barbarie et du Levant. *La Haye, Neaulme,* 1743; 2 vol. in-4, fig. et cartes, demi-rel. mar. br.

408. SIEBER. Reise von Cairo nach Jerusalem und wieder zurück, von F. W. Sieber. *Prag,* 1823; in-8, fig. demi-rel. n. rog.

409. SIGOLI. Viaggio al Monte Sinai di Simone Sigoli, testo di lingua. *Firenze,* 1829; in-8, demi-reliure, mar. bleu.
Portrait de L. Fiacchi, ajouté.

410. SIMON (Rich.) Histoire de la creance et des coutumes des Nations du Levant, publiée par le sieur de Moni (Richard Simon). *Francfort (Amsterdam, à la Sphère),* 1684; in-12, demi-rel. mar. rouge.

411. SOMER. Beschrijvinge van een Zee ende Landt Reyse naer de Levante, gedaan door Jan Somer

van Middelburgh. *Amsterdam, J. Hartgers*, 1649; in-4, goth. fig. cart.

412. STARK. Gaza und die philistäische Küste, von K. B. Stark. *Jena*, 1832; in-8, 2 pl. demi-rel. veau fauve.

413. STEINHART. Historische Reisebeschreibung in und aus dem heiligen Land, von R. P. Germanus Steinhart. *Rastatt*, 1785; pet. in-8; broch.

414. STOCHOVE. Voyage du Levant du sieur de Stochove. Seconde édition. *Bruxelles, Velpius*, 1650; pet. in-8, frontip. grav. v. br.

415. — Voyage du Levant du sieur de Stochove. Troisième édition. *Bruxelles, Velpius*, 1662; petit in-8, frontisp. grav. et portr. v. br.

416. — Het bereysde Oosten door Vincent Stochove. *Brugge, Joos van der Meulen*, 1680-81; 2 part. en 1 vol. pet. in-8, fig. en taille-douce, demi-rel. mar. br.

417. SYRIER (die heutigen), oder gesellige und politische Zustände der Eingeborenen in Damaskus, Aleppo und im Drusengebirg. *Stuttgart*, 1845; in-8, demi-rel. mar. bl.

418. TALMUDIS Babylonici codex Middoth, sive de mensuris Templi, cum versione latina et notis, opera et studio Const. l'Empereur de Oppyck. *Lugduni-Batav., Bonav. et Abr. Elzevir*, 1630; pet. in-4, grande planche pliée, vél.

419. TAMISIER. Voyage en Arabie, séjour dans le Hedjaz, campagne d'Assir, par M. Tamisier. *Paris*, 1840; 2 vol. in-8, carte, demi-rel. v. viol.

420. TAVERNIER. Les Six Voyages de J.-B. Tavernier qu'il a faits en Turquie, en Perse et aux Indes. *Paris, Gervais Clouzier*, 1671-72. — Recueil de plusieurs relations et traitez singuliers et

curieux, par J.-B. Tavernier. *Paris*, 1679; 3 vol. in-4, fig. et cartes, veau br.

421. TAVERNIER. Nouvelle Relation de l'intérieur du Serrail du Grand Seigneur. *Amsterdam, Joannes van Sœmeren*, 1678; pet. in-12, frontisp. grav. vél.

Volume rare de la collection elzévirienne.

422. TERRE-SAINTE (la), ou Description des lieux les plus célèbres de la Palestine, accompagnée du texte de l'Écriture sainte relatif à chaque monument. *Paris*, 1820; in-8, 7 planches, demi-rel.

423. THEVENOT. Relation d'un voyage fait au Levant, par M. de Thevenot. *A Rouen, et se vend à Paris, chez Th. Jolly*, 1665; in-4, portr. veau brun. — Suite du voyage de Levant. *Paris, Ch. Angot*, 1674; in-4, fig. v. br.

424. THEVET. Cosmographie de Levant, par F. André Thevet d'Angoulesme. *Lyon, J. de Tournes et Guill. Gazeau*, 1554; in-4, figures sur bois, veau marbr.

Très-bel exemplaire.

425. — Cosmographia Orientis, das ist Beschreibung desz gantzen Morgenlandes durch Andream Thevetum, übersetzt und vermehrt durch G. Horst. *Giessen, C. Chemlin*, 1617; in-4, figures en taille-douce, demi-rel. mar. r.

426. THRUPP. Ancient Jerusalem, a new investigation into the history, topography and plan of the city, environs and Temple, by J. F. Thrupp. *Cambridge*, 1855; in-8. fig. cart. en toile, non rogné.

427. TISCHENDORF. De Israelitarum per mare Rubrum transitu, scripsit C. Tischendorf. *Lipsiæ*, 1847; in-8, carte, demi-rel. mar. v.

428. TOLLOT. Nouveau Voyage fait au Levant ès années 1731 et 1732, par le sieur Tollot. *Paris, A. Cailleau*, 1742; in-12, bas.

429. TRAITÉS géographiques et historiques pour faciliter l'intelligence de l'Écriture sainte. *La Haye*, 1730; 2 vol. in-12, v. br.

Paradis terrestre, par Hardouin ; Pays où se sauvèrent les Canaéens ; Navigation de Salomon, par Huet ; Ophir et Tarsis, par l'abbé Legrand, etc.

430. TROILO. F. F. von Troilo Orientalische Reise-Beschreibung, wie er zu dreyen unterschiedenen malhen nach Jerusalem.... sich begeben, etc. *Dresden*, 1676; in-4, frontisp. gr. vél.

431. TSCHUDI. Reysz und Bilgerfahrt zum Heyligen Grab : des... Herren Ludwigen Tschudis von Glarus. *Getruckt in desz Fürstlichen Gottshaus S. Gallen Reychshoff, Rorschach am Bodensee, B. Schnell,* 1606; in-4, demi-rel. mar. br.

Volume fort rare ; défaut au commencement et à la fin ; il manque même un peu de texte aux trois derniers feuillets.

432. TUCHER. Wallfahrt und Reise in das gelobte Land, durch Hans Tucher. *Gedruckt und volendet durch Hansen Schönsperger zu Augspurgk anno Dñi Tausent vierhundert jm LXXXII iar* (1482); in-fol. goth. chagr. bleu, dent.

Exemplaire Quatremère d'une édition rarissime, exactement décrite par Hain, sous le n° 15665. D'après Panzer, elle serait la première.

433. UNGER. Die Bauten Constantin's des Grossen am heiligen Grabe zu Jerusalem, von F. W. Unger. *Göttingen*, 1863; in-8, fig. demi-rel. v. f.

434. USSHER. J. Usseri Armaghani de græca septuaginta interpretum versione syntagma. *Londini, J. Crook*, 1655; in-4, vél.

435. VALLE. Viaggi di Pietro della Valle il pellegrino, con minuto ragguaglio di tutte le cose notabili osseruate in essi, descritti da lui medesimo in 54 lettere familiari. *Roma, Vitale Mascardi*, 1650; in-4, demi-rel. mar. br.

Première édition ; quelques piqûres dans les marges.

436. — Les Fameux Voyages de Pietro della Valle, surnommé l'illustre voyageur. *Paris, Gervais Clousier*, 1664; 4 vol. in-4, v. br.

Traduction de Le Comte.

**437.** VALLE. De voortreffelyke reizen van... Pietro della Valle, door J. H. Glazemaker vertaalt. *Amsterdam, A. Wolfgang*, 1664-65 ; 6 parties en 2 vol. in-4, goth. fig. v. marbr.

**438.** — De volkome beschryving der voortreffelycke reizen van Pietro della Valle, door J. H. Glazemaker vertaalt. *Amsterdam, Wolfgang*, 1665-66 ; 6 parties en 1 vol. in-4, figures en taille-douce, vél. cordé.

**439.** — Petri della Valle Reisz-Beschreibung in unterschiedliche Theile der Welt. *Genff, Widerhold*, 1674 ; 4 tomes en 1 gros vol. in-fol. fig. vélin.

**440.** — Viaggi di Pietro della Valle il Pellegrino, descritti da lui medesimo in lettere familiari, divisi in tre parti, cioè : la Turchia, la Persia et l'India. *Brighton, Gancia*, 1843 ; 2 vol. pet. in-8, cart. non rog.

**441.** VARTHEMA. Ludovici (Varthema) patritii Romani novum itinerarium Æthiopiæ, Ægypti, utriusque Arabiæ, Persidis, Siriæ, ac Indiæ intra et extra Gangem. *S. l. a. (Mediolani,* 1511); in-fol. caract. r. 8 ff. prél. et 62 ff. chiffr. demi-reliure.

Très-bel exemplaire d'une édition fort rare ; il provient de la vente Libri.

**442.** — Itinerario de Lodovico de Varthema nello Egypto, nella Suria, nella Arabia Deserta et Felice, nella Persia, nella India et nella Ethiopia. *Impresso in Rome per Mastro Stephano Guillireti de Loreño*, 1517; pet. in-4, goth. mar. citr.

Édition fort rare, vendue 18 £ 7 sh. 6 d. White Knights.

**443.** — Itinerario de Ludovico de Varthema Bolognese nello Egitto, nella Soria, nella Arabia Deserta, etc. Et al presente agiontovi alcune isole nuovamente trouate. *In Venetia , per Matthio*

*Pagan in Frezzaria al segno della Fede, s. d.;*
pet. in-8, demi-rel. cuir de Russie.

Volume rarissime, qui contient à la fin la description de la célèbre expédition de Grijalva faite en 1518 au Yucatan. (*Bibliotheca americana vetustissima*, n° 95).

**444. VARTHEMA.** Die Ritterlich und lowwürdig reisz des.... Ludowico Vartomans von Bolonia. Sagend von den landen, Egypto, Syria, von beiden Arabia, etc. *Strassburg, Joh. Knobloch*, 1516 ; pet. in-4. goth. nombreuses gravures sur bois, cart.

Édition fort rare.

**445.** — Die ritterlich, etc. *Augspurg*, 1518; petit in-4 goth., 45 figures en bois, cart.

Les gravures de cette édition ont été copiées sur celles de l'édition qui précède.

**446.** — Die Ritterliche unnd Lobwürdige Reysz des... Herrn Ludovico Vartomans. *Franckfurd am Mayn*, 1548; pet. in-4, 46 gravures sur bois, demi-rel. v. f.

**447. VELTRONIUS.** Statuta hospitalis Hierusalem (edita et confirmata sub F. Hugone de Lombenx Verdula, cum figuris earumdemque sententiis ac magnorum magistrorum magistratibus adjectis). *Romæ*, 1568; in-fol. bas. ferm.

Volume rare et recherché à cause des curieuses gravures en taille-douce.

**448. VERGONCEY.** Le Nouveau et dernier Voyage de Jerusalem faict par le commandement du Roy par M. de Vergoncey. *Paris, S. Feburier*, 1633; in-4, fig. en taille-douce, bas. f.

Volume rarissime, cité seulement dans la bibliographie de la Terre-Sainte, de M. T. Tobler, d'après cet exemplaire qui est réputé unique.

**449. VIAGGI** fatti da Vinetia alla Tana, in Persia, in India et in Constantinopoli : con la descrittione particolare de' città, luoghi, siti, costumi et della Porta del gran Turco : et di tutte le intrate, spese, et modo di gouerno suo, et della vltima imprese contra Porthoghesi. *Vinegia, nelle case de' figlivoli di Aldo,* 1545; pet. in-8, vél.

450. VIAGGIO da Venetia al santo sepolcro et al
Monte Sinai, con il dissegno delle città, castelli,
ville, chiese, monasterii, etc. *Venetia, Dan.
Zanetti,* 1598; pet. in-8, nombreuses gravures
sur bois, cart. non rog.

Édition fort rare.

451. — da Venetia a Constantinopoli, per mare e
per terra, et insieme quello di Terra Santa.
*Venetia, s. a.* (vers 1620); in-4, obl. cart.

Recueil de cartes, plans et vues, ensemble 74 pièces grav. par Marco Sa-
deler. Exemplaire complet de l'édition originale.

452. VILLAMONT. Les Voyages du seigneur de Villamont, divisez en trois livres. *Arras, chez Gilles
Bauduyn,* 1598; pet. in-8, vél.

Deuxième édition fort rare ; exemplaire de Letellier de Courtanvaux.

453. — Les Voyages du seigneur de Villamont,
dernière édition reveuë, corrigée et cottée par
l'autheur. *Arras, Guill. de la Rivière,* 1602; pet.
in-8, v. br.

454. — Les Voyages du seigneur de Villamont.
*Lyon, Claude Lariot,* 1606 ; pet. in-8, d.-rel. mar.
rouge.

455. — Les Voyages du seigneur de Villamont.
*Rouen, L. Loudet,* 1610; in-12, veau marbr.

456. VILLE. Les Mémoires du voyage du marquis
de Ville au Levant, publ. par Fr. Savinien d'Al-
quié. *Amsterdam, Boom,* 1671 ; 2 tomes en 1 vol.
pet. in-12, vélin.

457. VILLINGER. Bilgerfahrt und Beschreibung der
Hierusolomitanischen Reisz in das heilig Land,
und deren Prouintzen Palestina, 1565-68, durch
Petrus Villinger. *Costantz, N. Kalt,* 1603 ; in-4,
d.-rel. veau f.

458. — Même livre, même édition, mais dont le
titre porte la date de 1604 ; in-4, d.-rel. mar.
brun.

459. VOLNEY. Voyage en Syrie et en Égypte, pendant les années 1783-85, par C.-F. Volney. *Paris*, 1787; 2 vol. in-8, figures et cartes, veau marbr.

460. — Voyage en Syrie et en Égypte pendant les années 1783-85, par C.-F. Volney. Seconde édition. *Paris*, 1787; 2 vol. in-4, fig. et cartes, veau jasp.

Exempl. sur très-grand papier de Hollande; M. Brunet ne cite pas d'exemplaire sur ce papier supérieur.

461. VOYAGE à Constantinople, en Italie et aux îles de l'Archipel. *Paris, Maradan, an VII;* in-8, veau rac.

462. — (Nouveau) de l'Égypte, de la Terre Sainte, du Mont Liban, de Constantinople et des Échelles du Levant. *Lisbonne, P. Fonseca*, 1702; in-12, bas.

463. VOYAGES de Benjamin de Tudèle, de Jean du Plan Carpin, de Frère Ancelin et de ses compagnons, de Guill. de Rubruquin, etc. *Paris, aux frais du gouvernement*, 1830; in-8, d.-rel.

464. WALTER. Beschreibung einer Reisz ausz Teutschland bisz in das gelobte Landt Palestina, unnd gen Jerusalem, auch auff den Berg Synai, durch Bernh. Walter von Walterszweyl. *München, A. Berg*, 1608; pet. in-8, figures et cartes, mar. br. tr. dor.

465. WHELER. Voyage de Dalmatie, de Grèce et du Levant, par G. Wheler. *La Haye, Alberts*, 1723; 2 vol. in-12, figures, veau br.

466. WILBRANDS von Oldenburg Reise nach Palestina und Kleinasien, lateinisch und deutsch, mit Ammerkungen von J. C. M. Laurent. *Hamburg*, 1859; in-4, d.-rel. mar. vert.

467. WILD. Neue Reysbeschreibung eines Gefangenen Christen, etc. Item von der Statt Jerusalem, des H. Grabs, etc., durch Johann Wilden, mit

einer Vorrede Sal. Schweiggers. *Nürnberg*, *B. Scherff*, 1613; in-4, portr. et fig. d.-rel. mar. bl.

468. WOLSKI. Illustris peregrinatio Jerosolimitana latius protracta per tres insigniores mundi partes a Thoma Stan. Wolski, nobili Polono. *Leopoli*, 1737; in-4, d.-rel. mar. vert.

469. WONNER. Journal d'un pèlerinage en Terre Sainte, par l'abbé Wonner, curé de N.-Dame de Metz. *Metz*, 1853; in-12, fig. d.-rel. mar. viol.

470. WRIGHT. Early Travels in Palestine, comprising the narratives of Arculf, Willibald, Bernard, Saewulf, Sigurd, etc., edited by Th. Wright. *London*, 1848; in-12, cart. en toile, n. rog.

471. YRWIN. Voyage à la mer Rouge, sur les côtes de l'Arabie, en Égypte et dans les déserts de la Thébaïde, par Eyles Yrwin, trad. par Parraud. *Paris*, 1792; 2 vol. in-8, 2 cartes, bas.

472. ZIEGLER (A.). Meine Reise im Orient, von Alex. Ziegler. *Leipzig*, 1855; 2 vol. pet in-8, d.-rel. mar. noir.

473. ZIEGLER (J.). Terræ sanctæ, quam Palestinam nominant, Syriæ, Arabiæ, Ægypti et Schondiæ accuratissima descriptio, etc., authore Jac. Zieglero. *Argentorati, V. Rihelius*, 1536; in-folio, cartes grav. sur bois, d.-rel.

Volume d'un certain intérèt pour l'Amérique. On y trouve une description de Groenlande, et au verso de f. 92 une note sur Séb. Cabot et la découverte de l'Amérique.

474. ZIMPEL. Neue örtliche topographische Beleuchtung der heiligen Weltstadt Jerusalem, von C. F. Zimpel. *Stuttgart*, 1853; in-8, plan, d.-rel. mar. viol.

475. ZSCHOKKE. Das neutestamentliche Emmaus, von Zschokke. *Schaffhausen*, 1865; in-8, 2 planches d.-rel. mar. r.

476. ZSCHOKKE. Führer durch das heilige Land für Pilger, von H. Zschokke. *Wien*, 1868; pet. in-8, cart. d.-rel. mar. r.

477. ZVALLART. Il Devotissimo Viaggio di Gerusalemme, fatto e descritto in sei libri da Giov. Zvallardo. *Roma, F. Zanetti et G. Ruffinelli*, 1587; in-4, fig. d.-rel. mar. br.

Première édition, fort rare.

478. — Il Devotissimo Viaggo di Gierusalemme, del S. Giovanni Zvallardo. *Roma, Dom. Basa*, 1595; in-8, fig. en taille-douce, d.-rel. mar. br.

479. — Le Tresdevot voyage de Jérusalem, faict et descript par Jean Zvallart. *Anvers, A. Conincx*, 1608 ; in-4, fig. d.-rel. mar. r.

480. — Le Tresdevot voyage de Jerusalem, avec les figures des lieux saincts et plusieurs autres, faict et descript par Jean Zvallart. *Anvers, Guill. van Toncheren*, 1626; in-4, fig. d.-rel. mar. viol.

---

# BIBLES EN ISLANDAIS.

---

481. Biblia Pad Er, Oll Heilog Ritning, utlögd a Norraenumet Formalum Doct. Martini Lutheri. *Prentad a Holum, ap Jone Jons Syne*, 1584; in-fol. goth. fig. sur bois, v. br.

Première édition de la Bible en islandais, publiée par Gudbrand Torlaksson, d'une rareté excessive. Exemplaire complet, mais raccommodé en plusieurs endroits.

482. Biblia Pad Er, etc. *Prentud ad nyu a Hoolum i Hiallta dal, ap Halldore Asmunds syne*, 1644; in-fol. fig. sur bois, veau.

Seconde édition de la même version, revue par l'évêque Thorlack Skuleson.

Elle est tout aussi rare que la première. Exemplaire bien conservé, mais ayant quelques raccommodages dans les marges blanches des feuillets préliminaires.

**483. Biblia Pad Er, etc.** *Pryckt a Hioolum i Hiallta-Dal, ap af Marteine Arnodds syne,* 1728 ; in-fol. goth. veau noir.

Troisième Bible islandaise publiée par Steen Jonssen, évêque de Holum, d'après la traduction danoise. Les premiers feuillets de cet exemplaire sont fortement raccommodés.

**484. Biblia Pad Er, etc.** *Prenntud i Kaupmanna-Hofn, af G. F. Risel,* 1747 ; in-4, veau gaufr.

Quatrième Bible islandaise, copiée sur celle de 1644.

FIN.